DER WEG ZUM REICHTUM IN 75 SCHRITTEN

TAKAFUMI HORIE

DER WEG ZUM REICHTUM IN 75 SCHRITTEN

EIN LEITFADEN VOM ENFANT TERRIBLE DER JAPANISCHEN WIRTSCHAFT.

WAS DENKT DER MANN, DER DEN NIKKEI CRASHEN LIESS?

Die Originalausgabe erschien unter dem Titel
HORIEMON NO SHIN-SHIHON SHUGI von Takafumi Horie
ISBN 4-7973-2540-2

Original Japanese edition published by Kobunsha Co., Ltd.
This German edition published by arrangement with Kobunsha Co., Ltd., Tokyo in care of Tuttle-Mori Agency, Inc., Tokyo.
Photo: Takahito Ochiai

Aus dem Japanischen von Prof. Dr. H. Eisenhofer-Halim.

Druck und Bindung: Ebner & Spiegel, Ulm

Takafumi Horie
Der Weg zum Reichtum in 75 Schritten
ISBN 3-938350-13-X

BÖRSEN MEDIEN
AKTIENGESELLSCHAFT

Postfach 1449 · 95305 Kulmbach
Tel. 0 92 21-90 51-3 04 · Fax 0 92 21-90 51-44 44

Inhalt

Einleitung 15

Frage 01 Bei welchem Unternehmen soll ich mich bewerben? 21

Frage 02 Sind die bitteren Erfahrungen eines Angestellten wirklich nötig? 25

Frage 03 Was halten Sie davon, dass die Zahl der Arbeitsunwilligen ständig steigt? 29

Frage 04 Was brauche ich, damit meine Träume Wirklichkeit werden? 33

Frage 05 Wie wird man Millionär? 37

Frage 06 Welche Bücher sollte man lesen, wenn man reich werden will? 41

Frage 07 In welchem Alter sollte man sein eigenes Unternehmen gründen? 45

Frage 08 Soll man überhaupt studieren, obwohl 45 % der Studenten das Studium abbrechen oder das Studienfach wechseln? 49

Frage 09 Mit welchen Personen baut man am besten sein eigenes Unternehmen auf? 53

Frage 10	Welche Eigenschaften müssen die Gründungsmitglieder mitbringen?	57
Frage 11	Wo leiht man sich am besten Geld, wenn man eine Firma gründen will?	61
Frage 12	Welche Aufträge soll man annehmen, wenn man gerade ein Unternehmen gegründet hat?	65
Frage 13	Welche Spezialkenntnisse muss ich als Existenzgründer haben?	69
Frage 14	Wie soll der Firmenname lauten?	73
Frage 15	Wer ist für die Qualität der Firmenstruktur verantwortlich?	77
Frage 16	Was versteht man unter einem Spitzenunternehmen?	81
Frage 17	Wonach richtet sich der Wert eines Unternehmens?	85
Frage 18	Wer ist für das Wachstum einer Firma zuständig und verantwortlich?	89
Frage 19	Wie kann eine Firma vergrößert werden?	93
Frage 20	Ich will mein Unternehmen in eine Aktiengesellschaft umwandeln. Wohin wende ich mich?	97
Frage 21	Wo soll ich Aktien kaufen?	101
Frage 22	Wie viel Kapital braucht man zum Aktienkauf?	105
Frage 23	Warum hat Livedoor seine Aktien nochmals aufgeteilt?	109
Frage 24	Wem gehört die Aktiengesellschaft tatsächlich?	113
Frage 25	Wie würden Sie in sich selbst investieren?	117

Frage 26 Wie sieht ein ausgewogenes Verhältnis zwischen Schlafens- und Arbeitszeit aus? 121

Frage 27 Morgen findet ein Seminar statt. Soll ich teilnehmen? 125

Frage 28 Was ist das Entscheidende bei einem Meeting? . . 129

Frage 29 Anhand welcher Spiele kann man lernen, Geld zu verdienen? 133

Frage 30 Ab welchem Alter sollten Kinder zum ersten Mal das Internet benutzen? 137

Frage 31 Wem kann ich mein Geld anvertrauen? 141

Frage 32 Wo soll ich ein Bankkonto unterhalten? 145

Frage 33 Was ist von Kreditkarten zu halten? 149

Frage 34 Welches Zahlungsmittel eignet sich für Interneteinkäufe? 153

Frage 35 Was bringt mehr Gewinn, Eigenheim oder Mietobjekt? 157

Frage 36 Wo soll man sein Büro einrichten? 161

Frage 37 Soll man einen Vertrag mit einem Buchhaltungskontor abschließen? 165

Frage 38 Worauf muss man achten, damit das Wachstum der Firma nicht stagniert? 169

Frage 39 Was ist der Indikator für den Zustand einer Aktiengesellschaft? 173

Frage 40 Wie ist die Gesellschaft vor dem Ruin zu bewahren? 177

Frage 41 Das Kapital reicht nicht aus. Wie kann ich Geld beschaffen? 181

Frage 42	Was ist von Anleihen zu halten?	185
Frage 43	Wem kann ich Glauben schenken, wenn es um Wirtschaftsprognosen geht?	189
Frage 44	Was versteht man unter dem Durchschnittswert des Aktienkurses?	193
Frage 45	Wie kann ein börsenfähiges Wertpapier gelistet werden, wenn die Aktiengesellschaft bereits besteht?	197
Frage 46	Der erste Gewinn. Doch was soll man damit tun?	201
Frage 47	Was passiert, wenn ein Geschäftszweig seinen Höhepunkt überschritten hat?	205
Frage 48	Das Wachstum stagniert. Welche Gegenmaßnahmen gibt es?	209
Frage 49	Glauben Sie Angeboten, denen zufolge man auf jeden Fall Geld verdienen kann?	213
Frage 50	Welcher Mitarbeiter soll gefördert werden?	217
Frage 51	Was halten Sie von Zweitjobs und Nebenbeschäftigungen?	221
Frage 52	Ein enger Bekannter möchte sich Geld von Ihnen leihen. Wie reagieren Sie?	225
Frage 53	Was braucht man, um aus 1 Million Yen 100 Millionen Yen zu machen?	229
Frage 54	Worauf muss ich achten, wenn ich jemanden einstellen möchte?	233
Frage 55	Nach welchen Kriterien soll ein Angestellter beurteilt werden?	237
Frage 56	Auf welcher Grundlage berechnen Sie	

	das Gehalt Ihrer Angestellten?	241
Frage 57	Was erwarten Sie von einem Vorgesetzten?	245
Frage 58	Welche Ziele würden Sie als Vorstandsmitglied Ihren Untergebenen vorgeben?	249
Frage 59	Es ist sechs Uhr abends und vor Ihnen türmt sich noch Arbeit auf, die erledigt werden muss. Was tun Sie?	253
Frage 60	Warum arbeiten Sie immer noch, obwohl Sie schon genug Geld verdient haben?	257
Frage 61	Ich möchte eine Agentur für Weltraumreisen aufmachen. Was würden Sie mir raten?	261
Frage 62	Was ist wichtig, um geschäftliche Erfolge zu erzielen?	265
Frage 63	Welche Musik hören Sie auf dem Weg zur Arbeit?	269
Frage 64	Warum reagieren manche Menschen nicht, obwohl sie eine Sache verstandesmäßig begriffen haben?	273
Frage 65	Welche Medien sind auf dem Sektor „interaktive Umwelt" führend?	277
Frage 66	Was bedeuten die neuen Medien für ältere Leute?	281
Frage 67	Wie verändert sich die Verlagslandschaft durch die Entwicklung und Ausbreitung des Internets?	285
Frage 68	Wie denken Sie über Anime, die japanischen Zeichentrickfilme, und Fernsehserien?	289
Frage 69	Wie kann man den Problemen auf dem Bildungssektor begegnen?	293

Frage 70 Was verstehen Sie unter Tradition? 297

Frage 71 Es liegen Ihnen zehn Geschäftskonzepte vor. Wie viele davon sind Erfolg versprechend? 301

Frage 72 Wie sollte sich ein japanischer Feldherr im Falle einer erfolglosen Geschäftsverhandlung verhalten? ... 305

Frage 73 Wer sollte das Geld in Umlauf bringen? 309

Frage 74 Sind Aktien wirklich riskant? Wenn ja, was bieten sich dann für Investitionsmöglichkeiten? 313

Frage 75 Was ist davon zu halten, wenn man häufig in den Massenmedien erscheint 317

Nachwort der Übersetzerin 321

Einleitung

Dieses Buch versteht sich als Ratgeber für diejenigen, die eine eigene Firma gründen wollen. In kurzen Kapiteln versuche ich, Takafumi Horie, der Gründer von Livedoor, die wichtigsten Themen zusammenzufassen.

Was die Neueinstellung von Mitarbeitern betrifft, so hege ich selbst, wenn jemand wegen einer Stelle bei mir an der Tür klopft, keine besonderen Erwartungen. Das kann sich jedoch schnell ändern, wenn die Person, die eintritt, große Fähigkeiten besitzt und genau auf die ausgeschriebene Stelle passt.

Livedoor rekrutiert seine Mitarbeiter ausschließlich über das Internet. Wer glaubt, für eine Stelle bei Livedoor geeignet zu sein, trägt sich dort in ein Formular ein. Es findet bei mir nur vereinzelt ein Vorstellungsgespräch statt, mehr nicht. Für mich ist es uninteressant, ob jemand gerade sein Studium beendet hat oder aus einer anderen Sparte kommt. Ich habe keine vorgegebenen Maßstäbe für eine Einstellung. Seit man in Japan, im Unterschied zu früher, mehrfach den Arbeitsplatz wechselt, ist es ohnehin unwichtig, welches Studium und welchen Abschluss der Einzelne hat. Es zählt die Qualifikation. Man kann sich nicht mehr auf den Hochschulabschluss allein berufen, weil die Firmen nicht mehr wie früher das Personal aus den Studienabgängern allein rekrutieren.

Die Schullaufbahn spielt meiner Ansicht nach im heutigen Geschäftsleben keine große Rolle mehr. Die japanische Gesellschaft legt zwar immer noch großen Wert auf die Schul- und Hochschulbildung, doch ob diese Einstellung noch zeitgemäß ist, sei dahingestellt. Ich denke, dass in Wirklichkeit nur der Abschluss an der Todai, der Universität von Tokyo, der wichtigsten japanischen Eliteuniversität, zählt.

Die Todai gilt nach wie vor als die beste Hochschule, alle anderen können sich nicht mit ihr messen. Aus diesem Grund sind viele Unternehmen nach wie vor darauf erpicht, nur diejenigen einzustellen, die einen Abschluss der Todai vorweisen können. Das liegt daran, dass man der Meinung ist, dass solche Absolventen klug sein müssen. Ich finde diese Ansicht aber nicht mehr zeitgemäß.

Für mich ist die Überbewertung des Hochschulabschlusses sowieso unverständlich. Ich denke, dass die akademischen Kreise allmählich verschwinden, was nicht zuletzt an der drastischen Neu- und Umstrukturierung der japanischen Wirtschaft liegt. Heute legt man mehr Wert auf Mitarbeiter, die es verstehen, Geld zu verdienen, zumindest bei Livedoor.

Die japanische Gesellschaft und damit die Wirtschaft befinden sich derzeit in einer Umbruchphase. Man spricht in Japan zwar immer noch von Kapitalismus, doch in Wirklichkeit hat er nichts mit dem echten Kapitalismus zu tun. Japanische Banken sind untereinander und miteinander verbunden, weshalb es schwer ist, irgendwo Fuß zu fassen.

Es ist wie beim Profisport: Eine Lokalmannschaft hat keine Chancen, genauso wie ein Neuling in der Geschäftswelt. Ein Neuling würde in dieser fest gefügten Gesellschaft der japanischen Banken nur für Unruhe sorgen, das bestehende System durcheinanderwirbeln, weshalb man Neulinge eben gar nicht erst zulässt. Selbst der Aktienhandel ist so ausgeklügelt, dass der Außenstehende keine Chance hat, in dieses verkrustete System einzudringen. Deshalb ist für mich der japanische Kapitalismus kein wirklicher Kapitalismus, sondern gesteuert und gelenkt, mit anderen Worten herrscht in Japan eine Art sozialistisches System vor, das dem Einzelnen seinen Weg vorschreibt.

Wegen des genannten Umbruchs geraten auch diejenigen, die darauf versessen waren, sich in diesem sozialistischen System ihren Platz zu sichern, allmählich in Bedrängnis. Die Zeiten, in denen man nach dem Alter und nicht nach der Leistung befördert wurde, sind vorbei. Das so genannte Senioritätsprinzip verliert immer mehr an Bedeutung. Die Absprachen untereinander werden hinfällig, kurzum, das fest gefügte japanische Wirtschaftssystem der Nachkriegszeit bricht Stück für Stück zusammen. Mir macht das nichts aus, im Gegenteil, ich sehe, dass eine neue Epoche des Kapitalismus anbricht.

Wir bei Livedoor halten ohnehin nichts von altmodischen Geschäftsleuten, von Menschen, die alten Idealen nachtrauern. Wenn wir jemanden einstellen, zählt nur der Wille zum Arbeiten, sprich zum Geldverdienen. Und genau danach richtet sich der Einstellungstest. Livedoor braucht Leute, Personal, das die Firma voranbringt. Jeder Mensch hat verschiedene Fähigkeiten und entsprechend seiner Qualitäten wird er eingestellt. Schon aus diesem Grunde gibt es keinen Standard, nach dem ich die

Leute rekrutiere, ich schaue nur auf ihre Fähigkeiten und nicht darauf, wie sie gekleidet sind. Bei Livedoor gibt es Mitarbeiter, die dem Aussehen nach wie zu groß gewordene Kinder wirken. Sie ziehen keinen Anzug an, tragen keine Krawatte, aber sie sind tüchtig und nur das zählt. Was habe ich von einem Angestellten, der in feinem Zwirn mit weißem Hemd und schicker Krawatte erscheint, aber nicht in der Lage ist zuzupacken?

Wer bei mir arbeiten will, sollte sich nicht mit Lektüre belasten, die ihm Richtlinien für Einstellungsgespräche liefert. Das ist überflüssig. Vergessen Sie am besten, was Sie bisher über Einstellungsgespräche gehört haben. Livedoor ist anders. Hier zählt die Spontaneität, der Einfallsreichtum. Wer mich beeindrucken kann, hat auf jeden Fall schon gewonnen.

Wenn Sie, lieber Leser, dieses Buch zur Hand nehmen, erhalten Sie einen Einblick in die wichtigen Fragen, die Livedoor und dessen Inhaber, nämlich mich, Takafumi Horie, bewegen. Es ist ein Buch, das Ihnen verschiedene Ansichten zeigt, die Sie vom althergebrachten Denken befreien sollen. Sie haben sozusagen einen Leitfaden in der Hand, der Ihnen zeigt, worauf es bei Livedoor ankommt, der Ihnen aber auch den Weg in die Selbstständigkeit erleichtern soll. Haben Sie wirklich verstanden, worum es mir in diesem Buch geht, dann sollten Sie nach Roppongi Hills, dem jungen, aufstrebenden Viertel von Tokyo kommen. Wir freuen uns auf Sie.

Takafumi Horie

Frage 01

Bei welchem Unternehmen soll ich mich bewerben?

☐ 1 *Die Anstellung bei einem großen Unternehmen ist besser.*

☐ 2 *Man sollte eine Anstellung in einem jungen Unternehmen anstreben.*

☐ 3 *Man sollte versuchen, einen sicheren Posten als Beamter zu bekommen.*

Antwort 01

„MISSTRAUEN SIE DEM IRRGLAUBEN DER FRÜHEREN GENERATIONEN!“

Die Anstellung in einem großen, renommierten Unternehmen ist durchaus erstrebenswert. Doch wer sich mit dem Gedanken trägt, selbst eine Firma zu gründen, nutzt eine Anstellung in einem großen Unternehmen nur, um persönliche Beziehungen zu knüpfen, die auf dem weiteren Weg von Vorteil sein können.

Sicherlich ist gegen eine Anstellung bei einem jungen und noch nicht so etablierten Unternehmen nichts einzuwenden. Wer sicher leben will, wird lieber Beamter, obwohl sich auch hier die Zeiten geändert haben. Schließlich verlieren Beamte immer mehr ihre Privilegien und Sicherheit alleine kann auf die Dauer nicht für jeden befriedigend sein.

Kurzum, eine Anstellung anzustreben bedeutet, dass man sich anderen ausliefert. Das eigene Wohl ist abhängig von den Beurteilungen des Vorgesetzten, dem Zustand der Firma, von Faktoren, auf die der Angestellte keinen Einfluss nehmen kann. Dadurch wird er zum Werkzeug, zum Instrument einer Firma, zum Objekt. Früher galt die Ansicht, dass die Firma eine Schutzfunktion in der Art einer Familie für ihre Angestellten ausübe oder dass der Beamte aufgrund seiner Loyalität eine gesicherte Stellung haben werde. Diese Zeiten sind jedoch vorbei, denn heute zählt auch in den Firmen immer mehr die Leistung des Einzelnen.

Ich verurteile damit keineswegs all diejenigen, die sich redlich um eine Anstellung bemühen. Es sind nach meiner Meinung Menschen, die nicht genügend Kraft und Ehrgeiz haben, sich selbst etwas aufzubauen. Für diesen Personenkreis ist die Anstellung sicherlich das Beste.

Bei Livedoor gibt es keine so genannte Anstellung. Meine Mitarbeiter sind Geschäftspartner, keine bloßen Gehaltsempfänger.

Daher gibt es auf die Frage auch keine eindeutige Antwort.

Frage 02

Sind die bitteren Erfahrungen eines Angestellten wirklich nötig?

- ☐ 1 *Sie sind notwendig.*
- ☐ 2 *Sie sind manchmal nützlich.*
- ☐ 3 *Sie sind nicht notwendig.*

Antwort 02

> „Es ist besser, einmal „Nein“ zu sagen.“

Die japanische Erziehung geht nach wie vor davon aus, dass man sich abmühen muss, um Erfolg zu haben. Eine Ansicht, die immer noch in den Köpfen von Lehrern und Eltern vorherrscht. Doch ist es nicht besser, seinen Kopf zu gebrauchen, als sich abzuplacken? Ich denke ja. Erwachsenwerden muss nicht zwangsläufig mit Mühe verbunden sein.

Unterwürfigkeit und Ergebenheit galten in der alten Gesellschaftsordnung, die wie eine Pyramide aufgebaut war, als wichtige Eigenschaften. Wer sein Leben lang gedient hatte, verlangte automatisch, dass auch die nächste Generation sich diesen Mühen zu unterwerfen habe.

Als Livedoor die Absicht hatte, ein Profibaseballteam zu übernehmen, dachten viele, dass wir aufgrund unserer Jugend und Unerfahrenheit nichts anderes als deren Schuhputzer würden. Ich finde, das ist törichtes Geschwätz, weiter nichts.

In japanischen Schulen ist es üblich, dass die Kinder ihr Klassenzimmer selbst putzen. Aber irgendwann muss damit Schluss sein. Man kann nicht ein Leben lang vor anderen kriechen und zum Putzen gibt es einen Mopp, ich muss also nicht auf den Knien durch das Schulgebäude rutschen, wie es die meisten Kinder immer noch tun. Ich finde diese Art der Unterwürfigkeit einfach albern.

Es ist besser, diese Aufgabe irgendeinem Reinigungsunternehmen zu übertragen. In welchem modernen Haushalt wird heute noch Staub gewischt? Das macht der Staubsauger. Die Kinder, die ihre Schule immer noch selbst putzen müssen, bekommen nur einen falschen Eindruck von der Gesellschaft, mehr nicht. Unterwürfigkeit um jeden Preis ist heute nicht mehr gefragt.

Wenn in der Schule zu viel Gewicht auf Staubwischen gelegt wird, ist es besser, einfach nur „Nein" zu sagen. Vielleicht resultiert aus diesem veralteten System auch die nächste Frage.

FOLGLICH LAUTET DIE ANTWORT AUF DIE FRAGE 02: „SIE SIND NICHT NOTWENDIG."

Frage 03

Was halten Sie davon, dass die Zahl der Arbeitsunwilligen ständig steigt?

☐ 1 *Es müssen Gegenmaßnahmen ergriffen werden.*

☐ 2 *Es ist besser, sich nicht darum zu kümmern.*

☐ 3 *Es ist eine erfreuliche Sache.*

Antwort 03

„Rückzug aus der Gesellschaft? O. K.“

Laut Veröffentlichung des Kabinetts (23. März 2005) sind unter den 15- bis 34ig-Jährigen über 850.000 Personen, die eine Anstellung nicht beabsichtigen oder eine Anstellung wollen, aber dafür nichts unternehmen, einschließlich der jungen Arbeitslosen. Es sind die so genannten NEET [Not currently engaged in Employment, Education or Training; Anm. d. Übers.], Personen ohne Ausbildungs- oder Arbeitsverhältnis. Vergleicht man dies mit den Untersuchungsdaten des Kabinetts von 1997, ist das ein Anstieg um 130.000. Es ist ein japanisches Phänomen, dass sich immer mehr Menschen aus der Gesellschaft zurückziehen oder sich ihr verweigern. Das gab wiederum Anlass zu der Sorge, die japanische Wirtschaft könnte aufgrund dieses Phänomens zugrunde gehen. Ich bin jedoch optimistisch und denke nicht, dass die Wirtschaft deshalb Bankrott gehen wird.

Die japanische Gesellschaft zerfällt meiner Meinung nach immer mehr in verschiedene Klassen, auf deren unterem Niveau sich die so genannten Verweigerer befinden, die aber, so denke ich, aus eigenen Stücken so handeln und von sich aus die Wahl treffen zu arbeiten oder nicht. Wenn diese Leute mit ihrem Leben zufrieden sind, hat kein anderer das Recht, sich einzumischen. Es ist ihre freie Entscheidung, die respektiert werden muss. Es ist durchaus möglich, dass sich die Gesellschafts- und Arbeitsverweigerer eines Tages umbesinnen und von vorne beginnen. Dann sollte man ihnen aber die Tür nicht vor der Nase zuschlagen, sondern sie wieder in die Gesellschaft aufnehmen.

Diese Menschen sind vielleicht aufgrund des veränderten Wertesystems aus der Gesellschaft ausgestiegen. Um sie wieder für die Gesellschaft gewinnen zu können, muss ihnen eine vernünftige Zukunftsaussicht geboten werden.

FOLGLICH LAUTET DIE ANTWORT AUF DIE FRAGE 03: „ES IST BESSER, SICH NICHT DARUM ZU KÜMMERN."

Frage 04

Was brauche ich, damit meine Träume Wirklichkeit werden?

- ☐ 1 *Enthusiasmus.*
- ☐ 2 *Zeit.*
- ☐ 3 *Geld.*

Antwort 04

„Es gibt nichts, was man nicht mit Geld kaufen kann."

Wer etwas Besonderes auf die Beine stellen will, braucht Zeit, Begeisterungsfähigkeit, aber auch Geld. Erst die Kombination dieser drei Faktoren bringt uns der Verwirklichung unserer Träume näher.

In meinem Buch „Geld verdienen ist alles" schrieb ich bereits, dass man mit Geld alles kaufen kann. Diese Aussage stieß auf heftige Kritik und wurde zum allgemeinen Gesprächsthema. Ich möchte hier nicht in eine Grundsatzdiskussion konfuzianischer Werte verwickelt werden, nach denen Geld nicht alles ist, sondern Tugend an erster Stelle steht, doch ich bin der Ansicht, dass ohne Geld nichts zu bewegen ist. Ohne Geld kann ich weder im Kleinen noch im Großen etwas erreichen. Je größer die Projekte sind, die ich anpacken möchte, desto mehr Kapital benötige ich. Aus meiner Sicht eine ganz einfache Rechnung.

Träume können nur dann verwirklicht werden, wenn eine vernünftige Kapitalgrundlage vorhanden ist. Sonst bleiben Träume eben nur Träume.

Mein Traum ist zum Beispiel die Erschließung des Weltalls und die Erforschung des Ursprungs des menschlichen Lebens. Sicher benötigt man auch eine gute Portion Begeisterung und natürlich entsprechend Zeit, um zum Ziel zu gelangen, aber ohne Geld ist jedes Unternehmen zum Scheitern verurteilt. Ich verdiene ziemlich viel Geld und könnte mich bereits jetzt aus dem Geschäftsleben zurückziehen. Doch ich arbeite weiter, um noch mehr Geld zu verdienen, das für die Verwirklichung meiner Träume eingesetzt werden kann.

FOLGLICH KANN DIE ANTWORT AUF DIE FRAGE 04 NUR „GELD" HEISSEN.

Frage 05

Wie wird man Millionär?

- ☐ 1 *Ich mache das gleiche Geschäft wie ein Millionär.*
- ☐ 2 *Ich mache das Gegenteil von dem, was ein Millionär gemacht hat.*
- ☐ 3 *Ich mache ein Geschäft auf, das noch kein Millionär gemacht hat.*

Antwort 05

„Beschreiten Sie die Wege, die ein Reicher bereits erschlossen hat!"

Ich bin der Meinung, dass jeder, der Millionär werden möchte, sich am besten an denen orientiert, die schon Millionäre geworden sind. Wer durch sein eigenes Unternehmen reich wurde, kann sich in seiner Geschäftspolitik nicht geirrt haben, denke ich. Deshalb kann ich nur empfehlen, sich reiche Unternehmer zum Vorbild zu nehmen.

Warum ich Ihnen das empfehle? Ganz einfach. Wer ein neues Gebiet für sich erschließen will, geht ein hohes Risiko ein. Zwar birgt jeder Neuanfang ein Risiko, weil man praktisch bei null anfängt, doch die Schwierigkeiten sind bei einem noch unerschlossenen Geschäftsgebiet wesentlich größer und weniger kalkulierbar.

Lassen Sie mich ein Beispiel nennen: Im Mittelalter gingen die Kaufleute, die in fremden Gefilden Handel treiben wollten, zunächst große Risiken ein. Sie mussten hohe Summen für die Ausrüstung und die Schiffe aufbringen, ohne zu wissen, ob sie auch Erfolg haben würden. Nachdem jedoch die Handelswege erschlossen und die Routen gesichert waren, war es für die nachfolgenden Kaufleute leicht, reich zu werden. Sie mussten nur den schon vorhandenen Routen und Wegen folgen.

Man konnte also nur reich und erfolgreich werden, wenn man das tat, was alle taten, wenn man auf den Reiserouten seine Schiffe einsetzte, die andere zuvor erkundet hatten. Wer dagegen neue Wege beschreiten wollte, war schnell zum Scheitern verurteilt.

Das hatte zur Folge, dass keiner sich irgendwelchen neuen Märkten zuwandte, solange auf den alten Märkten Geld verdient werden konnte. Wer klug war, setzte auf Sicherheit und nicht auf Risiko.

Kurzum, der sicherste Weg zu Reichtum ist der, andere nachzuahmen, die schon reich geworden sind.

Deshalb kann die Antwort auf die Frage 05 also nur lauten: „Ich mache das gleiche Geschäft wie ein Millionär."

Frage 06

Welche Bücher sollte man lesen, wenn man reich werden will?

☐ 1 *Sinnsprüche von erfolgreichen Personen.*

☐ 2 *Unterweisungen von gescheiterten Personen.*

☐ 3 *Wirtschaftslehrbücher.*

Antwort 06

„*Studiere einen geschlagenen General!*"

Um reich zu werden ist es wichtig, von den Reichen zu lernen, das hatte ich bereits bei Frage 05 erörtert. Natürlich gibt es auch jede Menge Bücher mit guten Ratschlägen erfolgreicher Personen. In den meisten Fällen handelt es sich jedoch um eine Art Selbstbeweihräucherung. Diese Selbstdarstellung erfolgreicher Personen ist für den Aufbau eines eigenen Unternehmens vollkommen wertlos.

Das gleiche gilt für Wirtschaftslehrbücher, die nichts als Theorie enthalten. Man kann sie getrost beiseite lassen.

Wesentlich lehrreicher sind dagegen Berichte von und über Verlierer, Menschen, die keinen Erfolg hatten oder auf irgendeine Weise scheiterten. Von diesen Personen können wir lernen, indem wir ihre Fehler erkennen und sie vermeiden. Indem wir uns an Erfolgsmenschen orientieren, aber auch gleichzeitig die Fehler der Verlierer und Versager studieren, sind wir gewappnet, unseren eigenen Weg zu gehen bzw. zu finden.

Beispielsweise gibt es in der Zeitschrift *Nikkei Business* serienmäßig „Worte eines geschlagenen Generals an die Soldaten". Diese Worte zeigen uns die Fehler, die man besser nicht begeht. Durch die Lektüre dieser Kolumne wird man in der eigenen Auffassung bestärkt, den richtigen Weg beschritten zu haben.

Deshalb ist es gut, die Fehler der Vorgänger zu studieren, damit man sie nicht selbst begeht.

Folglich ist es klar, dass die Antwort auf die Frage 06 „Unterweisungen von gescheiterten Personen" lautet.

Frage 07

In welchem Alter sollte man sein eigenes Unternehmen gründen?

- ☐ 1 *Mit zehn Jahren.*
- ☐ 2 *Mit zwanzig Jahren.*
- ☐ 3 *Das Alter spielt keine Rolle.*

Antwort 07

„*Bitte beginnen Sie sofort damit, eine Firma zu gründen!*"

Je früher man eine Firma gründet, desto besser. Abgesehen von Spitzensportlern oder musikalischen Genies, die ohnehin eine steile Karriere vor sich haben, sollte jeder, der nicht über irgendwelche außergewöhnlichen Talente verfügt, so früh wie möglich ein eigenes Unternehmen gründen. Am besten fängt man schon während der Schulzeit damit an.

In Amerika gibt es tatsächlich einen sehr erfolgreichen Firmenchef, der bereits im Alter von neun Jahren eine Firma gründete. Ich habe solche Leute schon getroffen, wie Cameron Johnson, der im Alter von 15 Jahren bereits Hauptgeschäftsführer von zwei Unternehmen war. („15 Jahre alter Geschäftsführer", PHP Forschungsinstitut).

Ich selbst war bis zum Alter von 24 Jahren an der Universität eingeschrieben. Ich bin spät dran, dachte ich. Billy Gates, der Gründer von Microsoft, der den Computer revolutionierte, hatte mit 20 das Studium aufgegeben und ein Unternehmen gegründet. Im Vergleich zu Billy Gates war ich vier Jahre im

Rückstand. Ich musste mich also beeilen, wenn ich Erfolg haben wollte.

Gerade in dieser schnelllebigen Zeit braucht man Kraft und Ideen, braucht man Flexibilität, um mit den Entwicklungen Schritt halten zu können. Und das kann nur ein junger Mensch.

Heute bedauere ich, dass ich so viele Jahre an der Universität vergeudet habe. Wahrscheinlich wäre mein derzeitiges Unternehmen Livedoor schon viel mächtiger, hätte ich früher damit begonnen.

Nichts ist einfacher, als eine Firma zu gründen und Geld zu verdienen. Doch man darf nicht zögern oder die Entscheidung immer wieder vor sich herschieben. Es zählt das Jetzt und Sofort. Also fangen Sie sofort an!

Deshalb lautet Antwort auf die Frage 07: „Mit zehn Jahren."

Frage 08

Soll man überhaupt studieren, obwohl 45 % der Studenten das Studium abbrechen oder das Studienfach wechseln?

☐ 1 *Man muss nicht.*

☐ 2 *Man sollte.*

☐ 3 *Es hängt vom Lehrinhalt der Universität ab.*

Antwort 08

„Das Gütesiegel ‚Universität' gehört der Vergangenheit an."

Heute macht es kaum noch Sinn, seine Zeit an einer Universität zu vergeuden. Wie ich zuvor schon sagte, habe ich meine Zeit an der Universität vier Jahre lang verschwendet. Die meisten Studenten brechen heute ihr Studium ab oder wechseln das Studienfach. In der ersten Zeit widmet man sich dem Knüpfen von Kontakten, baut sich verzweifelt ein Beziehungsnetzwerk auf und hofft, davon profitieren zu können. Viele denken, dass die hohen Aufnahmegebühren für die Universität die Eintrittskosten für den Zugang zu einem elitären Kreis sind.

Jedoch lohnt sich nicht jede Universität. Es ist eine reine Zeit- und Geldverschwendung sich an einer drittklassigen Universität einzuschreiben. Nur die besten zählen wirklich und dazu zählt die schon genannte Todai. Lernen kann man überall, dazu gibt es genügend Abendschulen. Und Freunde findet man auch anderswo, nicht nur an der Universität.

Die Universität ist nur für Leute gedacht, die wirklich studieren und eine Hochschulkarriere anstreben wollen, ansonsten ist das Universitätsleben reine Zeitverschwendung. Meiner Ansicht nach zählt auch das Abschlussexamen nicht mehr so viel wie früher. Viele Eltern legen nach wie vor Wert darauf, dass ihre Kinder im Lebenslauf einen Hochschulabschluss vorweisen können. Eine überflüssige Forderung, denn betrachtet man heute die Akademiker, müssten sie eigentlich, nach Ansicht der Eltern, allesamt im Reichtum leben, doch tun sie das wirklich?

Wer tüchtig ist, wird seinen Weg auch ohne Hochschulabschluss gehen.

Auch wenn es hart klingen mag, lautet die Antwort auf die Frage 08: „Man muss nicht."

Frage 09

Mit welchen Personen baut man am besten sein eigenes Unternehmen auf?

- ☐ 1 *Personen, die etwas schwächer sind als man selbst.*
- ☐ 2 *Personen, die herausragender sind als man selbst.*
- ☐ 3 *Ohne Einschränkung.*

Antwort 09

„Seien Sie gegenüber den Gründungsmitgliedern ohne Vorbehalt.“

Wer den Entschluss gefasst hat, ein eigenes Unternehmen zu gründen, sieht sich zuerst nach Mitstreitern um. Natürlich wird man kaum jemanden finden, der besser ist als man selbst. Wer besser ist, verdient schon lange sein Geld aus eigener Kraft oder in einem eigenen Unternehmen. Da diese Möglichkeit also ausfällt, heißt das aber noch lange nicht, dass man zwangsläufig nach Personen Ausschau halten muss, die schlechter sind als man selbst. Personen mit weniger Wissen und Können mögen zwar billigere Arbeitskräfte sein, aber es ist von ihnen kaum zu erwarten, dass sie genügend Ehrgeiz mitbringen.

Am besten sieht man sich zuerst in seinem Freundes- oder Familienkreis nach geeigneten Mitstreitern um. Das hat jedoch auch seine Nachteile. Menschen, die uns zu nahe stehen, handeln und denken nicht neutral, sie sind meist nicht ausreichend motiviert oder wagemutig. Aber zu Beginn einer Unternehmensgründung wird man nicht umhin können, auf Bekannte und Verwandte zurückzugreifen, denn es kommt auf den richtigen Zeitpunkt an, den man bei einer Geschäftsgründung nicht verpassen darf. Ist die Firma erst einmal konsolidiert, kann man in Ruhe nach geeigneten guten Kräften suchen. Doch bis dahin muss man in erster Linie von sich selbst und seinem Geschäftskonzept überzeugt sein, die anderen mitreißen können und vor allem richtig taktieren. Dann spielt es keine Rolle, ob die Gründungsmitglieder Freunde oder Angehörige sind.

Deshalb kann man unverzüglich sagen, dass die Antwort auf die Frage 09 „Ohne Einschränkung" lautet.

Frage 10

Welche Eigenschaften müssen die Gründungsmitglieder mitbringen?

☐ 1 *Kraft.*

☐ 2 *Selbstvertrauen.*

☐ 3 *Zielstrebigkeit.*

Antwort 10

„Kraft entscheidet über Sieg und Niederlage.“

Der Aufbau eines Unternehmens erfordert ungeheure Anstrengungen, für die man jede Menge Energie aufbringen muss. Energie alleine reicht jedoch nicht aus. Der Wille und die Charakterstärke sind zwei Eigenschaften, die in Kombination mit der körperlichen Kraft die Unternehmung erst zum Erfolg führen können.

Den Einsatz körperlicher Kräfte für ein Unternehmen vergleiche ich mit den Anstrengungen und Strapazen, die man auf sich nimmt, wenn man an einer japanischen Hochschule aufgenommen werden will. Man konzentriert sich auf bestimmte Fächer, für die man Tag und Nacht büffelt, um die nötige Punktzahl bei der Prüfung zu erreichen. In meinem Falle war es die englische Sprache, die von mir großen Einsatz forderte. Ich lernte englische Vokabellisten auswendig, was ziemlich anstrengend war. Dank meiner beständigen Büffelei und des damit verbundenen körperlichen Einsatzes gelang es mir schließlich, an der Universität von Tokyo, der Todai, aufgenommen zu werden.

Ich hatte nicht nur auswendig gelernt, sondern für das Lernen sogar ein System entwickelt, das heute unter dem Namen „Horitan" zum Verkauf angeboten wird. Dieses englische Vokabelheft wird heute über meine Firma Livedoor verkauft.

Die nächste große Anstrengung war für mich die Gründung meines Unternehmens. Ich startete in einem Einzimmerapartment in Roppongi, dem Viertel Tokyos, in dem meine Firma auch heute noch ist, allerdings nicht mehr in einem Apartment. Damals hauste ich jedoch in einem Zimmer, das einem Warenlager glich. Doch die körperliche Anstrengung der ersten Zeit meines Gründerdaseins hat sich gelohnt. Ich legte den Grundstein für ein großes, erfolgreiches Unternehmen.

Ob ich das heute noch einmal schaffen würde, weiß ich nicht. Doch ich bin der Meinung, dass jedes Unternehmen gelingen kann, wenn genügend Kraft und Durchhaltevermögen dahinter steckt.

Die Antwort auf die Frage 10 lautet „Kraft".

Frage 11

Wo leiht man sich am besten Geld, wenn man eine Firma gründen will?

☐ 1 *Bei der Verwandtschaft.*

☐ 2 *Bei der Bank.*

☐ 3 *Bei jedem.*

Antwort 11

„Man braucht unbedingt jemanden, bei dem man sich Geld leihen kann."

Für die Gründung eines Unternehmens braucht man entsprechend Kapital. Zwar gibt es Geschäfte, die nicht unbedingt eine breite Kapitalbasis brauchen. In den meisten Fällen ist eine Unternehmensgründung ohne ausreichendes Basiskapital jedoch nicht möglich.

Wer sich bei der Bank Geld leihen möchte, wird kein Glück haben. Wer bekommt schon Geld für ein Geschäft geliehen, von dem man nicht weiß, ob es Erfolg haben wird? Die Bank investiert nur in Unternehmen, die bereits Erfolge vorweisen können.

Wer also Gründungskapital braucht, sollte sich lieber anderweitig umsehen, bevor er den Gang zur Bank antritt. Am besten hört man sich zuerst im Bekanntenkreis um, versucht Geld bei Freunden aufzutreiben. Eine andere Möglichkeit gibt es kaum. Grundvoraussetzung ist ein schlüssiger Geschäftsplan, der genaue Kalkulationen enthält, damit ersichtlich wird, wo eventuelle Risiken liegen. Findet man niemanden im Bekanntenkreis, kann man sich immer noch an die Familie wenden, doch rate ich davon eher ab, weil Familienangehörige meistens sehr skeptisch sind und man sehr viel Überredungskunst braucht. Ganz gleich von wem man sich letztendlich dann das Geld leiht, wichtig ist der Geschäftsplan, damit jeder sehen kann, dass das Geld nicht einfach zum Fenster hinausgeworfen wird. Ich lieh mir von Bekannten sechs Millionen Yen und baute damit mein Geschäft auf.

Viele sind der Ansicht, dass man besser spart und erst dann ein Unternehmen gründet, wenn man selbst genug Geld hat. Damit verschwendet man nur unnötig Zeit und verpasst außerdem den richtigen Zeitpunkt. Deshalb denke ich, dass es besser ist, sich Geld von Bekannten und Freunden zu leihen, sobald das Geschäftskonzept steht. Grundvoraussetzung ist natürlich die Vertrauenswürdigkeit, das versteht sich von selbst.

FOLGLICH LAUTET DIE ANTWORT AUF DIE FRAGE 11: „BEI DER VERWANDTSCHAFT."

Frage 12

Welche Aufträge soll man annehmen, wenn man gerade ein Unternehmen gegründet hat?

☐ 1 *Aufträge unterhalb der eigenen Fähigkeiten.*

☐ 2 *Aufträge, die den eigenen Fähigkeiten entsprechen.*

☐ 3 *Aufträge, die die eigenen Fähigkeiten übersteigen.*

Antwort 12

„*OHNE BLUFF KOMMT MAN NICHT WEITER!*"

Wer gerade ein Unternehmen gegründet hat, kann sich die Arbeit nicht aussuchen. Die Hauptaufgabe meiner Gesellschaft war am Anfang die Erstellung von Websites, doch daneben eröffneten sich auch noch andere Betätigungsfelder.

Zur damaligen Zeit hieß es für jeden im Betrieb, dass alle Arbeiten, die technologisch machbar sind, gemacht werden mussten. Somit nahmen wir jeden Auftrag an.

Genau genommen war das eine Art Bluff. In Wirklichkeit verfügten wir nicht über die technischen Voraussetzungen und jeden Monat schuldete ich dem technischen Berater 150.000 Yen. Dennoch habe ich nie gesagt: „Das können wir nicht", und wenn eine Arbeit in Auftrag ging, haben wir uns wie verrückt angestrengt, um die Sache zu erledigen.

Wer erst einmal anfängt darüber nachzudenken, was er kann und was nicht, wird schnell verzagen. Deshalb ist es besser, alle Aufträge anzunehmen und dann erst nachzudenken, wie das Ganze bewerkstelligt werden könnte. Nur so kann man immer weiter vorankommen. Wer zu viele Skrupel hat, bleibt ohne Erfolg.

Heute verkauft Livedoor über das Internet alles bis hin zum frischen Gemüse. Wenn ich mich mit der Erstellung von Websites zufrieden gegeben hätte, gäbe es das heutige Livedoor nicht.

Nachdenken heißt in diesem Falle, sich mit der eigenen kleinen Welt zufrieden zu geben. Doch mit den Aufgaben wächst man über sich hinaus. Jeder, der ein eigenes Unternehmen gründet, sollte sich dessen bewusst sein. Die Herausforderungen bringen einen Betrieb erst voran.

Und deshalb lautet die Antwort auf die Frage 12: „Aufträge, die die eigenen Fähigkeiten übersteigen.“

Frage 13

Welche Spezialkenntnisse muss ich als Existenzgründer haben?

☐ 1 *Ich muss alles über Hausbau wissen.*

☐ 2 *Ich muss die Handelsgesetze kennen.*

☐ 3 *Ich muss mich mit der Buchhaltung auskennen.*

Antwort 13

„*DIE BUCHHALTUNG IST EINFACH.*“

Ein Geschäftsführer muss die Firma im Griff haben, das ist seine Aufgabe. Vor allem muss er sich in der Buchhaltung auskennen. Wahrscheinlich denkt jeder, wenn er das Wort Buchhaltung hört, dass sie kompliziert und schwierig sei, doch das ist sie keineswegs. Sie ist einfach.

Ein Geschäftsführer muss wissen, wie die Buchhaltung funktioniert, damit er die Einnahmen und Ausgaben der Firma innerhalb des Geschäftsjahres, Aktiva und Saldo, sowie die Überschüsse der Firma verwalten kann. Kurzum, wenn er die Bilanz durchsieht, muss er hundertprozentig verstehen, was dort steht.

Übrigens kann man zum Beispiel mit dem japanischen Buchhaltungsprogramm „Yayoi Buchhaltung", das wir bei Livedoor verwenden, ganz einfach durch den EDV-Assistenten, der für die Sortierung zuständig ist, die täglichen Einnahmen und Ausgaben verzeichnen, außerdem durch einen einzigen Tastendruck die Monatssumme, Jahressumme oder Finanzierungspläne bis hin zu Managementanalysen durchführen. Auch so etwas ist durchaus nützlich.

Die Aneignung von Kenntnissen über Hausbau oder Handelsgesetze überlässt man lieber anderen.

In einer Informationsgesellschaft wie der japanischen ist auch im Management Geschwindigkeit von großer Bedeutung. Ein Geschäftsführer muss oft in Sekunden Entscheidungen treffen können. Das kann er aber nur, wenn er die tatsächliche Situation der Firma und ihrer Finanzen genau kennt.

DESHALB SOLLTEN SIE FRAGE 13 SOFORT MIT „ICH MUSS MICH MIT DER BUCHHALTUNG AUSKENNEN" BEANTWORTEN.

Frage 14

Wie soll der Firmenname lauten?

☐ 1 *Der Firmenname sollte auf den Namen des Gründers beschränkt sein.*

☐ 2 *Der Firmenname sollte den Inhalt der Handelsware erklären.*

☐ 3 *Der Firmenname muss einprägsam sein.*

Antwort 14

„ EIN FIRMENNAME IST WIE EIN KÜNSTLERNAME. “

Meine Firma hat insgesamt dreimal den Namen gewechselt. Ganz am Anfang hieß sie „Livin' on the Edge", im Jahr 2003 „Edge" und danach „Livedoor". Edge hatte die bankrotte Firma Livedoor übernommen und den eigenen Namen daraufhin in Livedoor geändert. Der Grund für die Namensänderung war nahe liegend.

Die ehemalige Firma Livedoor war in ganz Japan als die Nummer eins der Providerfirmen bekannt und hatte die gigantische Summe von 60 Millionen Yen für Werbung aufgewandt. Es wäre dumm gewesen, diesen Bekanntheitsgrad nicht auszunutzen. Man fragte mich zwar, ob es nicht ein schlechtes Omen wäre, den Namen einer bankrotten Firma zu übernehmen, aber es ist bei einem Firmennamen wie bei einem Künstlernamen: Man braucht ihn, um sich einfacher verkaufen zu können. Ich habe dem Namen Livedoor noch meinen Namen Horiemon hinzugefügt. Na, und hat der Name nicht an Bekanntheitsgrad gewonnen? Ich konnte mich und die Firma auf diese Weise bestens in Szene setzen.

Eine Firma nach ihrem Gründer zu benennen, finde ich deshalb unangebracht. Der Firmenname muss einprägsam sein und jedem geläufig werden, erst dann ist es ein guter Name.

FOLGLICH BESTEHT KEIN ZWEIFEL, DASS DIE ANTWORT AUF DIE FRAGE 14 „DER FIRMENNAME MUSS EINPRÄGSAM SEIN“ LAUTEN MUSS.

Frage 15

Wer ist für die Qualität der Firmenstruktur verantwortlich?

☐ 1 *Der Firmenchef.*

☐ 2 *Die Mitarbeiter.*

☐ 3 *Die Organisation an sich.*

Antwort 15

„*Wie durchbreche ich die Fünf- und die Zehn-Millionenmarke?*“

Die Zukunft eines Unternehmens ist mehr oder weniger vom Firmenchef abhängig. Letztendlich entscheidet über das Schicksal einer jeden Organisation immer nur der Anführer. Konkret gesagt, setzt sich die Struktur der Firma aus nichts anderem als dem Chef, dem Plan und dem Kapital zusammen. Die Organisation der Firma besteht aus Technikern, Managern und Finanzexperten, die sich zusammengefunden haben. Ist der Firmenchef genial und sein Konzept faszinierend, scharen sich wie von selbst talentierte Leute um ihn. Sobald sich die Firma formiert hat, muss man als Chef darauf achten, auch an der Spitze zu bleiben. Einem zu jungen und unerfahrenen Chef kann es passieren, dass er durch die entstandene Organisation aus der eigenen Firma gedrängt wird.

Als Firmenchef braucht man ein Gespür für Geschäftschancen. Zuerst erreicht der Jahresumsatz eine Million, dann wird die Schallmauer von fünf Millionen oder zehn Millionen durchbrochen. Im Nachhinein denkt der Chef, wenn er auf die Fir-

menkarriere zurückblickt, dass ihm gar nichts blieb, als so zu handeln, wie er es tat.

FOLGLICH LAUTET DIE ANTWORT AUF DIE FRAGE MENCHEF."

Frage 16

Was versteht man unter einem Spitzenunternehmen?

☐ 1 *Ein Unternehmen, das an der Börse notiert ist.*

☐ 2 *Ein beliebtes Unternehmen.*

☐ 3 *Ein Unternehmen mit hoher Ertragsrate.*

Antwort 16

„Ein grosses Unternehmen muss nicht zwangsläufig das beste Unternehmen sein.“

Japans Premierminister Koizumi bemerkte, als die Verschleierung des Defizits des Automobilkonzerns Mitsubishi publik wurde, dass er der Meinung sei, Mitsubishi sei nicht die Nummer eins unter den Unternehmen. Es besteht kein Zweifel, dass es sich bei Mitsubishi um ein großes Unternehmen handelt, aber das bedeutet nicht, dass dieser Konzern auch der beste ist.

Die Formel „ein großes Unternehmen = ein erstklassiges Unternehmen“ trifft nicht zu. Auch die Beliebtheit eines Unternehmens macht noch lange nicht dessen Wert aus. Meiner Ansicht nach hängt die Erstklassigkeit vom Gewinn ab, den ein Unternehmen erwirtschaftet.

Firmen, die hohe Ertragsraten erzielen, orientieren sich meist an modernen Geschäftsmodellen. Nur wenn die Ertragsrate hoch ist, verbleibt ein passabler Reingewinn. Der Umsatz allein ist deshalb nicht ausschlaggebend. Am besten hält man die Ertragsrate konstant und vergrößert gleichzeitig den Umsatz, dann hat man die Chance, zu einem großen Unternehmen aufzusteigen.

Nach meinem Dafürhalten ist der Automobilhersteller Toyota ein erstklassiges Unternehmen, doch wie sieht das bei Mitsubishi aus?

Man kann sagen, dass die einstmals großen Unternehmen heute von erstklassigen modernen Unternehmen von ihrem Thron gestoßen werden.

Folglich lautet die Antwort auf die Frage 16: „Ein Unternehmen mit hoher Ertragsrate."

Frage 17

Wonach richtet sich der Wert eines Unternehmens?

☐ 1 *Nach der Umsatzhöhe.*

☐ 2 *Nach dem Nettogewinn.*

☐ 3 *Nach dem aktuellen Kapital und dem in Zukunft zu generierenden Cashflow.*

Antwort 17

„DER WERT EINES UNTERNEHMENS BESTEHT IN DEN ZUKUNFTSCHANCEN."

In der letzten Zeit habe ich oft den Begriff „Unternehmenswert" gehört. Doch es ist falsch zu denken, dass der Unternehmenswert dem Wert des gegenwärtigen Unternehmens gleichzusetzen sei. Es ist auch nicht die Umsatzhöhe oder die Festsetzung des Reingewinns. Der Wert eines Unternehmens wird bestimmt durch den in Zukunft zu generierenden Cashflow, der dem gegenwärtigen Kapital noch hinzugefügt wird.

Nehmen wir einmal zwei Universitätsstudenten als Beispiel. Beide sehen nicht besonders gut aus und sie sind auch im Sport nicht besonders herausragend. Folglich sind sie bei den Mädchen nicht sonderlich beliebt. Einer dieser beiden Studenten legt jedoch erfolgreich das Juraexamen ab. Allein durch diese Tatsache steigt sein Wert und noch ohne einen einzigen Yen verdient zu haben, wird bei den Mädchen bereits der zukünftige Cashflow, den er erbringen wird, ausgerechnet.

Das bedeutet, der Wert liegt in der Zukunft und in zukünftigen Aktivitäten.

Ein Unternehmen braucht deshalb Visionen, die man zu verwirklichen trachtet. Ein Unternehmen, das eine Aufgabe nach der anderen erledigt, ohne Visionen zu haben, verliert an Wert.

Folglich lautet die Antwort auf die Frage 17: „Nach dem aktuellen Kapital und dem in Zukunft zu generierenden Cashflow."

Frage 18

Wer ist für das Wachstum einer Firma zuständig und verantwortlich?

- ☐ 1 *Die Firmenstruktur.*
- ☐ 2 *Der Direktor.*
- ☐ 3 *Das Personal.*

Antwort 18

„DEMOKRATIE HAT
IN EINER FIRMA
NICHTS VERLOREN!"

Eine Firma, die beständig wächst, muss zwangsläufig einen guten Chef haben. Oder anders ausgedrückt hat eine Firma ohne Wachstum ganz sicher einen unfähigen Chef. Das klingt logisch.

Es heißt zwar, dass der Erfolg eines Unternehmens durch die Betriebsstruktur bedingt ist und nur durch die aktive Mitarbeit der Angestellten eine Firma auch an die Börse gehen kann, doch sind das meiner Meinung nach zwei verschiedene Dinge. Bei jungen Unternehmen ist das Firmenschicksal von der Fähigkeit des Chefs abhängig. Das heißt, die Übernahme von Livedoor war größtenteils meine Entscheidung.

Die Fähigkeit, Chancen zu erkennen und schnell zu reagieren, ist ausschlaggebend für jeden Erfolg.

Wer in seiner Firma demokratisch handelt, wird nichts erreichen. Firmenchef und Personal stehen nun mal nicht auf der gleichen Stufe. Hat man genügend Selbstvertrauen, ist es am besten, eine Entscheidung in eigener Verantwortung zu treffen. Halbherzig in einer Firma Demokratie einzuführen, heißt, darauf vorbereitet zu sein, dass in Notfällen sich jeder um die Verantwortung drückt.

Das Gesicht so mancher Firmenchefs verschwand auf diese Weise von der Bildfläche.

FOLGLICH LAUTET DIE ANTWORT AUF DIE FRAGE 18: „DER DIREKTOR."

Frage 19

Wie kann eine Firma vergrößert werden?

☐ 1 *Durch die Erhöhung der Geschwindigkeit.*

☐ 2 *Man muss den richtigen Zeitpunkt abpassen.*

☐ 3 *Überschüssige Kräfte für später aufsparen.*

Antwort 19

„GESCHWINDIGKEIT IST ALLES."

M & A, Merger & Acquisition, sind für mich besonders wichtig, wenn es darum geht, die Firma zu vergrößern. Zwar ist in den letzten zehn Jahren das interaktive Internet zu einer bedeutenden öffentlichen Einrichtung geworden, doch ich finde, dass die Geschwindigkeit noch nicht ausreichend ist, was Zukäufe betrifft. Außerdem halten zu viele Menschen nach wie vor an veralteten Geschäftsmodellen fest.

Ohne genauen Zeitplan kann man keinen Erfolg haben. Wer über die Zeit frei verfügt und sie nach Gutdünken ohne konkretes Ziel vertrödelt, verschwendet sie nur. Wer jedoch darauf bedacht ist, die Firma rasch zu vergrößern, muss nach einem genauen Zeitplan handeln.

Der heutige Lebensstil ändert sich überall zwar auf dramatische Weise, was viele Manager aber nicht daran hindert, nach wie vor an alten Privilegien festzuhalten. Durch die lange Verbundenheit mit einer Firma sind sie zu der Überzeugung gelangt, dass die Firma ihnen gehöre, was keineswegs der Fall ist.

Diese Art von Manager will natürlich auch nicht den einmal erworbenen Rang wieder aufgeben, geschweige denn den Platz räumen. Das wiederum bringt Probleme mit sich. Die zunehmende Geschwindigkeit der Entwicklungen wird sie überrollen.

Folglich lautet die Antwort auf die Frage 19: „Durch die Erhöhung der Geschwindigkeit."

Frage 20

Ich will mein Unternehmen in eine Aktiengesellschaft umwandeln. Wohin wende ich mich?

☐ 1 *An ein Büro des Justizministeriums.*

☐ 2 *Ans Finanzamt.*

☐ 3 *Ich gehe zu meinem Buchhändler.*

Antwort 20

„DER ERSTE SCHRITT ZUR UMWANDLUNG IST DIE AUFGABE DES DIREKTORS."

Gehen Sie bitte zuerst zu ihrem Buchhändler und kaufen Sie ein Buch zum Thema „Wie gründe ich eine Aktiengesellschaft". Dann stellen Sie die Papiere zusammen, die darin aufgelistet sind. Damit ist die Aktiengesellschaft schon fertig.

Danach schicken Sie die Unterlagen an ein Büro des Justizministeriums, das die Formalitäten erledigt, und das war es auch schon. Und dann fangen Sie bitte sofort mit den Geschäftstätigkeiten an.

In vielen Fällen überlässt man die Formalitäten für die Gründung einer Aktiengesellschaft einem Notar, doch es ist nicht nötig, dafür Geld auszugeben. Nachdem ich mich für die Aktiengesellschaft entschieden hatte, waren die Formalitäten innerhalb von zwei Wochen erledigt. Weil ich es selbst erlebt habe, kann ich nur sagen, dass es wirklich einfach ist, eine Aktiengesellschaft zu gründen.

Die meisten Menschen betrachten die Gründung einer Aktiengesellschaft als eine sehr ernste Angelegenheit. So ernst kann sie jedoch nicht sein, denn sonst gäbe es in Japan nicht zwei Millionen davon. Viele sind jedoch mit so genannten Strohmanngesellschaften vermischt. Lässig ausgedrückt könnte man auch behaupten, dass es in Japan zwei Millionen Direktoren von Aktiengesellschaften gibt. Nichts ist also leichter, als Direktor einer Aktiengesellschaft zu werden.

Entscheidend ist also nicht, Firmendirektor oder Präsident zu werden, sondern was man macht, sobald man Direktor geworden ist.

FOLGLICH LAUTET DIE ANTWORT AUF DIE FRAGE 20: „ICH GEHE ZU MEINEM BUCHHÄNDLER."

Frage 21

Wo soll ich Aktien kaufen?

☐ 1 *An der Börse.*

☐ 2 *Bei einem Effektenunternehmen im Viertel.*

☐ 3 *Über den eigenen PC.*

Antwort 21

„Jetzt ist die Zeit gekommen, Aktien über das Internet zu kaufen.“

Das Image von Aktien hat sich in den letzten Jahren stark geändert. Kinder, Hausfrauen, Angestellte und Einzelanleger sind zu einer treibenden Kraft auf dem Aktienmarkt geworden. Seit dem Jahr 1999 ist die Provision im Aktienhandel liberalisiert worden und infolgedessen entstanden zahlreiche Internetaktien.

Man stellte sich früher den Aktienhändler als einen Mann mit einem roten Bleistift hinter dem Ohr vor, der in der Effektenfirma am Telefon sitzt und herumschreit. Kein anständiger Mensch hätte einem Broker die Hand gereicht. Jedoch ist dieses Image seit der Verschmelzung mit dem Internet völlig verschwunden.

Für den Kauf von Aktien ist der eigene PC am besten für den Online-Handel geeignet. Verglichen mit den zahlreichen großen Effektenfirmen ist die Provision geringfügig.

Die Aktienhändler vom alten Schlag betrieben ein Geschäft, für das sie große Personalausgaben aufzubringen hatten. Da dies beim Internethandel mit Aktien nicht nötig ist, fallen natürlicher auch die Provisionen geringer aus.

Wer in Aktien investieren will, muss nicht unbedingt einen Effektenhändler konsultieren. Im Internet bekommt man jede Menge Informationen und kann zudem in Echtzeit die Indizes sehen. Ich denke, das Internet ist ein Segen unserer Zeit.

FOLGLICH LAUTET DIE ANTWORT AUF DIE FRAGE 21: „ÜBER DEN EIGENEN PC."

Frage 22

Wie viel Kapital braucht man zum Aktienkauf?

- ☐ 1 *500 Yen.*
- ☐ 2 *100.000 Yen.*
- ☐ 3 *1 Million Yen.*

Antwort 22

„*Japan war nur scheinbar ein kapitalistischer Staat.*"

Die japanische Börse war früher hermetisch abgeriegelt. Oft tauschten die Unternehmen untereinander Aktien und kaum ein privater Investor hatte Zugangsmöglichkeiten. Da früher Aktien meist nur in Paketen von je 1.000 Stück gehandelt wurden, benötigte man mindestens eine Million Yen für die Investition. Auch die Provision war hoch. Kurzum, es herrschten Zustände, in denen private Anleger ohne großes Vermögen die Börse nach Möglichkeit mieden.

Das ist jedoch ein völlig unangebrachtes System. Schließlich bezeichnet sich Japan als kapitalistisches Land. In der letzten Zeit kaufen und verkaufen immer mehr Firmen Pakete von 1.000 Aktien, doch ich bin der Ansicht, dass diese Einheiten immer noch zu groß sind. Deshalb hat Livedoor seine Aktien auch noch einmal aufgeteilt. Mir geht es darum, dass jedes Kind in der Lage sein soll, sich von seinem Taschengeld eine Aktie zu kaufen.

Dass Livedoor seine Aktien noch einmal aufgeteilt hat, stieß nicht unbedingt auf positive Resonanz. Wir versuchen nur, jedem Bürger die Möglichkeit zu geben, Aktien zu einem erschwinglichen Preis zu kaufen.

Je mehr Leute Aktionär von Livedoor werden und uns den Rücken stärken, umso besser. Ich finde, dass die Börse immer stärker für Privatanleger zugänglich gemacht werden sollte.

FOLGLICH LAUTET DIE ANTWORT AUF DIE FRAGE 22: „500 YEN."

Frage 23

Warum hat Livedoor seine Aktien nochmals aufgeteilt?

☐ 1 *Um den Aktienpreis in die Höhe zu treiben.*

☐ 2 *Damit auch ein Grundschüler Aktien kaufen kann.*

☐ 3 *Um für Gesprächsstoff zu sorgen.*

Antwort 23

„*Es macht Spass, Aktionär zu werden!*“

In den letzten Jahren wurden die Aktien von Livedoor mehrmals aufgeteilt und sie haben mittlerweile einen Preis, zu dem selbst ein Grundschüler sie mit seinem Taschengeld kaufen kann. Seit kurzem gibt es auch Effektenhändler, die keine Provision mehr erheben, wenn eine bestimmte Summe unterschritten wird. Da nimmt es nicht wunder, wenn ein Grundschüler sagt, er habe seine Manga-Sammlung verkauft, um sich Livedoor-Aktien leisten zu können.

Es gibt Lästermäuler, die behaupten, dass die Livedoor-Aktien aufgeteilt wurden, damit mehr Aktien gekauft werden und so der Preis in die Höhe getrieben wird. Wieder andere sagten mir nach, dass ich einfach nur für Gesprächsstoff sorgen wollte. Doch weder die einen noch die anderen erkennen den wahren Grund.

Livedoor hat seine Aktien aufgeteilt, weil es für junge Menschen, die über wenig Geld verfügen, immer noch unmöglich ist, Aktionär zu werden. Aktionär zu werden, soll Spaß machen.

Aktionär zu sein, bedeutet, dass man Interesse an dem Unternehmen zeigt, dessen Aktien man erworben hat. Wer also Livedoor-Aktien erwirbt, hat ein aktives Interesse an meinem Unternehmen, was wiederum ein Ansporn für mich ist. Auf diese Weise entsteht ein Synergieeffekt.

Für den Sparer, der bislang sein Geld der Bank anvertraute, ergeben sich durch den Kauf von Aktien weitere Möglichkeiten, mehr aus seinem Geld zu machen. Es wäre sehr vorteilhaft für die japanische Wirtschaft, wenn alle Unternehmen so denken würden. Angenommen, zehn Prozent des japanischen Privatvermögens würden in Aktien investiert, so wäre das ein wichtiger Impuls für die japanische Wirtschaft.

FOLGLICH LAUTET DIE ANTWORT AUF DIE FRAGE 23: „DAMIT AUCH EIN GRUNDSCHÜLER AKTIEN KAUFEN KANN."

Frage 24

Wem gehört die Aktiengesellschaft tatsächlich?

- ☐ 1 *Dem Geschäftsvorstand.*
- ☐ 2 *Den Mitarbeitern.*
- ☐ 3 *Den Aktionären.*

Antwort 24

„Die Diskussion ‚Wem gehört die Aktiengesellschaft?' ist überflüssig."

Die Aktiengesellschaft gehört den Aktionären. Sie bilden die Gesellschaft. Selbst wenn Direktor und Angestellte von „unserer Gesellschaft" sprechen, heißt das noch lange nicht, dass es wirklich „ihre Gesellschaft" ist, denn rechtlich gesehen gehört die Aktiengesellschaft den Aktionären. Es ist müßig, sich weitere Gedanken zu diesem Thema zu machen. Die Aktiengesellschaft erwirtschaftet Gewinne, die Aktien steigen und damit die Gewinne der Aktionäre, so dass im Grunde genommen die Aktiengesellschaft von den Aktionären abhängig ist, da diese mit ihren Anteilen in die Firma investieren. Wer würde denn schon in eine Firma investieren, die den Angestellten gehört? Niemand.

Doch heutzutage ist diese eigentlich selbstverständliche Sache in Frage gestellt worden. Es entstand eine Diskussion, die zum Gegenstand hatte, wer denn nun wirklich der Inhaber einer solchen Gesellschaft sei und ob Management oder Personal die Verantwortung trügen. Wie ich schon sagte, ist diese Diskussion eigentlich überflüssig. Die aufgeworfene Frage wurde von Gewerkschaften oder Kleinunternehmen gestellt, die sich nicht im Klaren sind, wie Kapitalismus eigentlich funktioniert.

Damit wäre ich bereits beim Kernproblem des japanischen Kapitalismus angelangt. In Japan wird zwar von „Kapitalismus" gesprochen, doch bei genauer Betrachtung stellt sich heraus, dass dieser japanische Kapitalismus weit entfernt vom tatsächlichen ist. Japan ist aufgrund seines Systems in sich selbst gefangen und hat einen Kapitalismus japanischer Prägung hervorgebracht. Ich bin der Meinung, dass es für Japan und die japanische Wirtschaft an der Zeit ist, neue Wege zu beschreiten. Ich spreche deshalb von einer Zeit des „Neuen Kapitalismus", die bereits teilweise angebrochen ist.

Deshalb kann die richtige Antwort auf die Frage 24 nur „Den Aktionären" lauten.

Frage 25

Wie würden Sie in sich selbst investieren?

☐ 1 *In einen Schönheitssalon gehen.*

☐ 2 *In einem erstklassigen Restaurant essen.*

☐ 3 *Eine Markentasche kaufen.*

Antwort 25

„EINE MARKENHANDTASCHE MACHT NOCH LANGE KEINE PERSÖNLICHKEIT AUS IHNEN.“

Wer sich selbst etwas Gutes tut, investiert damit in die eigene Persönlichkeit. Viele Menschen sind der Meinung, dass man sein eigenes Aussehen aufwertet, indem man Markenartikel kauft und benutzt. Doch weder Markenartikel noch der Besuch bei einem Starfriseur können wirklich die eigene Ausstrahlungskraft erhöhen. Besitze ich eine teuere Markentasche, steigt mein persönlicher Wert keineswegs. Eine gute Tasche zu besitzen ist meiner Meinung nach etwas Selbstverständliches.

Ich bin der Überzeugung, dass man hin und wieder in einem erstklassigen Restaurant essen sollte. Es gibt Frauen, die sich teure Handtaschen leisten, aber fertig abgepacktes Essen im Supermarkt kaufen oder Fastfood zu sich nehmen. Sie sparen am Essen, nur um sich irgendwelche Markenartikel leisten zu können. Ich empfinde das nicht nur als Dummheit, sondern denke, dass diese Menschen keinen Lebensstil haben.

In einem guten Restaurant sind die Speisen liebevoll zusammengestellt. Fastfood ist für mich nichts anderes als bloße Nahrungsaufnahme. Menschen, die keinen Wert auf gepflegtes Essen legen, sind für mich wie Fastfood – gewöhnlich. Ich dagegen schätze die Perfektion eines guten Gerichts und glaube, dass derjenige, der genauso denkt, auch bei der Arbeit Wert auf Perfektion legen wird.

Mein Motto ist daher nicht „Gutes muss nicht teuer sein", sondern „Für Gutes zahle ich auch gerne einen hohen Preis".

Infolgedessen lautet die Antwort auf die Frage 25: „In einem erstklassigen Restaurant essen."

Frage 26

Wie sieht ein ausgewogenes Verhältnis zwischen Schlafens- und Arbeitszeit aus?

☐ 1 *Die Schlafenszeit verkürzen und der Arbeitszeit hinzufügen.*

☐ 2 *Sich richtig ausschlafen und damit die Konzentration erhöhen.*

☐ 3 *Im Bett arbeiten.*

Antwort 26

„*WENN MAN MÜDE IST, SOLLTE MAN SICH SCHLAFEN LEGEN.*“

Ich habe schon oft gehört: „Ich bin so beschäftigt, dass ich kaum noch zum Schlafen komme." Dennoch sollte man schlafen. Selbst als ich in der letzten Zeit sehr beschäftigt war und meine Schlafenszeit reduzieren musste, schlief ich mindestens sieben Stunden. Denn ehrlich gesagt brauche ich normalerweise mindestens acht Stunden Schlaf.

Wer nicht genügend schläft, kann seinen Kopf nicht richtig gebrauchen. Richtig ausgeschlafen und mit klarem Kopf kann man bei weitem effektiver arbeiten. Es ist sinnlos, die ganze Nacht für eine Prüfung zu büffeln. Die betreffende Person tut auf diese Weise zwar so, als würde ihr das nichts ausmachen, doch in den seltensten Fällen kann auf diese Weise effektiv gearbeitet werden. Das ist auch medizinisch nachgewiesen.

Wenn ich schlafe, dann schlafe ich, wenn ich mich ausruhen möchte, ruhe ich mich aus. Doch ein normaler Angestellter kann das nicht. Am Morgen steht er früh auf und fährt in einem vollen Zug in die Firma. „Wie seltsam", denkt er, während sein Leben an ihm vorbei zieht. Tag für Tag verschwendet er Zeit und Energie. Jeden Tag wird jede Menge Energie und Zeit vieler Menschen vergeudet.

Sollten die japanischen Unternehmen nicht zumindest die spanische Siesta einführen, um länger aktiv sein zu können?

Folglich lautet die Antwort auf die Frage 26: „Im Bett arbeiten."

Frage 27

**Morgen findet ein Seminar statt.
Soll ich teilnehmen?**

☐ 1 *Ich nehmc auf jeden Fall teil.*

☐ 2 *Ich nehme nach Möglichkeit teil.*

☐ 3 *Ich nehme nicht teil.*

Antwort 27

„Was der Professor vorträgt, geht nicht über den Inhalt seines eigenen Buches hinaus.“

Manche Menschen besuchen wahllos Studiengesellschaften oder Seminare. Obwohl sehr beschäftigt, lassen sie sich hier und dort sehen und überreichen ihre Visitenkarte. Ich bin jedoch der Meinung, dass das nicht viel Sinn macht. Es ist zwar nicht schlecht, von anderen etwas lernen zu wollen, doch bevor man zu einem Vortrag geht, sollte man rasch das Buch lesen, das der Referent geschrieben hat.

Für die meisten ist ein Seminar oder ein Vortrag eine gute Gelegenheit, neue Menschen kennen zu lernen und Visitenkarten auszutauschen, ohne die keiner auf eine Veranstaltung gehen würde. Doch in meinen Augen ist das reine Zeitvergeudung, außer es handelt sich um Veranstaltungen, die für die eigenen Belange nützlich sein könnten. Wer ohne Ziel zu einer der genannten Veranstaltungen geht, wird weder neue Beziehungen knüpfen noch Gewinn davon haben. Der Grund: Nachdem ich die Universität verlassen hatte, begriff ich, dass der Professor nie über mehr als den Inhalt seines eigenen Buches gesprochen hatte. Er sprach über das, was er geschrieben hatte in vereinfachter Form in seinem Vortrag. Ich bin genauso. Wenn ich einen Vortrag halte, bereite ich nur das Material und Tabellen vor. Deshalb ist es besser, sich schon vorher das Material zu besorgen und es zu lesen. Bei einem öffentlichen Vortrag wird nur vorgelesen und es macht keinen Sinn, sich das anzuhören, wie ich finde. Die Zeit kann man besser nutzen.

Deshalb reicht aus, was in diesem Buch steht, und die Antwort auf die Frage 27 lautet: „Ich nehme nicht teil."

Frage 28

Was ist das Entscheidende bei einem Meeting?

- ☐ 1 *Die Diskussion.*
- ☐ 2 *Das Ergebnis.*
- ☐ 3 *Der Verlauf der Debatte.*

Antwort 28

„ *ZEIT IST GELD,*
HEISST ES. “

Ein Meeting ohne Ergebnis ist kein wirkliches Meeting. Man könnte auch sagen, dass das Meeting seinen Sinn verfehlt hat, wenn es zu keinem Beschluss kam.

Eine Besprechung nur um der Besprechung willen abzuhalten, ist meiner Meinung nach reine Zeit- und Geldverschwendung. In der Anfangsphase meiner Firma wurden oft Diskussionen geführt, die bis zum frühen Morgen andauerten, das will ich nicht verschweigen. Das Ergebnis war eine totale Erschöpfung ohne konkrete Beschlüsse. Während der vielen Stunden, die wir diskutierend verbrachten, verblassten die eigentlichen Anliegen immer mehr, bis nichts als Erschöpfung übrig blieb. Ich habe dazugelernt und weiß heute, dass Besprechungen straff organisiert sein müssen, um ein konkretes Ergebnis zu erreichen.

Das bedeutet, dass ein Zeitrahmen vorgegeben sein muss und die Themen bereits im Vorfeld feststehen. Zeit ist Geld, deshalb darf ein Meeting sich nicht endlos hinziehen.

Nehmen beispielsweise zehn Personen an einem Meeting teil, können sie in dieser Zeit nicht ihrer gewohnten Arbeit nachgehen. Rechnen wir einmal, dass der Stundensatz pro Person 2000 Yen beträgt, dann komme ich auf 40.000 Yen bei einem zweistündigen Meeting. Ist das Meeting nicht straff organisiert und kein Zeitplan festgelegt, wird erst einmal Tee getrunken und geplaudert und im Nu ist ein Teil der kostbaren Zeit verstrichen, ohne dass irgendein Ergebnis erzielt wurde.

Deshalb muss jedes Meeting, das erfolgreich sein soll, genau vorbereitet werden. Ich verschicke zu diesem Zweck in meiner Firma E-Mails an die einzelnen Teilnehmer, damit sie vorab schon informiert sind. Jeder kann zu den Informationen noch seine eigenen Ansichten hinzufügen, die wiederum per Mail den anderen mitgeteilt werden. Auf diese Weise kann die Dauer eines Meetings beträchtlich verkürzt und unnötige Kosten vermieden werden.

Daher kann die Antwort auf die Frage 28 nur „Das Ergebnis" lauten.

Frage 29

Anhand welcher Spiele kann man lernen, Geld zu verdienen?

☐ 1 *Fernsehspiele wie das japanische Spiel „Momotaros Eisenbahn".*

☐ 2 *Rollenspiele wie das Computerrollenspiel „Dragon Quest" der Firma Enix.*

☐ 3 *Glücksspiele wie das japanische „Pachinko" oder einarmige Banditen.*

Antwort 29

„*DIE GRUNDLAGE ALLER SPIELE IST MONOPOLY.*“

Bei Spielen ist das eingesetzte Geld zwar nur Spielgeld, aber durch das Spiel an sich kann man bereits als Kind lernen, wie mit Geld umzugehen ist. Deshalb sind meiner Ansicht nach Spiele, in denen es um einen Einsatz geht, außerordentlich lehrreich. Das Brettspiel „Monopoly" und selbst Fernsehspiele, die in dieser Art gehalten sind, finde ich sehr nützlich.

Bei dem Fernsehspiel „Momotaros Eisenbahn" müssen die Spieler mit der Eisenbahn durch ganz Japan reisen und ihr Vermögen durch den Kauf verschiedener Objekte vergrößern. Im Grunde funktioniert dieses Spiel wie Monopoly. Als ich ein Kind war, habe ich mithilfe der verschiedenen Programme meines Computers die Charaktere des Spiels verändert und neue Versionen erstellt.

Was mich schon damals faszinierte war die Idee, durch den Ankauf von Objekten ein Vermögen zu vermehren.

Kurzum, das Brettspiel Monopoly ist einfach eine gute Ausgangbasis. Es gibt noch zahlreiche weitere Brettspiele, bei denen Geld in Umlauf gebracht werden muss. „Bankers", „Jinsei-game" von Hakuba und das neueste Spiel „Rich Dad, Poor Dad" (Chikuma shobo) sowie das „Cashflow"-Spiel von Robert Kiyosaki gehören dazu.

Sind diese Spiele, bei denen es sich zunächst um kleine Summen handelt, nicht die beste Erziehung für den Umgang mit Geld?

Folglich lautet die Antwort auf die Frage 29: „Fernsehspiele wie das japanische Spiel ‚Momotaros Eisenbahn'", da es sich eben nur um ein Spiel handelt.

Frage 30

Ab welchem Alter sollten Kinder zum ersten Mal das Internet benutzen?

☐ 1 *So früh wie möglich (möglichst schon im Kindergarten).*

☐ 2 *Das kommt darauf an, welche Seiten besucht werden.*

☐ 3 *Ab der Mittelschule.*

Antwort 30

„DAS INTERNET IST NICHTS WEITER ALS EIN WERKZEUG."

Ich hatte im vorherigen Kapitel über Spiele gesprochen. Der Umgang mit dem Internet ist im Kindesalter spielerisch zu erlernen, deshalb befürworte ich das Internet als ein Werkzeug, dessen Gebrauch man so früh wie möglich beherrschen sollte.

Natürlich ist in der Öffentlichkeit die Meinung hierzu gespalten. Viele Eltern sehen das Internet als gefährlich an und befürchten, dass die Kinder auf Erotikseiten gelangen könnten. Andere Eltern wiederum sehen durch die Massenmedien die Kinder überfordert und wollen deshalb ihre Kinder vom Internet fernhalten.

Natürlich gibt es Seiten für Bekanntschaften und Erotikseiten, doch das ist nur ein Teilaspekt des Internets. Es liegt meiner Meinung nach an den Eltern, ob sie den richtigen Zugang mittels eines Programms einrichten oder nicht. Auf jeden Fall ist Panik unangebracht.

Das Internet ist in meinen Augen nichts weiter als ein nützliches Werkzeug. Wir leben in einer Zeit, in der der Umgang mit dem Internet an Schulen genauso wie Lesen, Schreiben und Rechnen gelehrt wird.

Der PC fehlt heute in fast keinem Haushalt und ist ein Teil der Lebensgrundlage geworden. Der Zugang zum Internet ist einfach und schnell und für jedermann möglich. Allein schon aus diesem Grunde sollte jedes Kind so früh wie möglich den Umgang mit dem PC einschließlich Internetnutzung lernen, weil es die PC-Kenntnis im weiteren Leben einfach braucht. Wer weiß, wie das Internet richtig zu nutzen ist, wird diese Einrichtung als zeitsparenden Faktor für Recherchen und neueste Informationen außerordentlich schätzen.

FOLGLICH LAUTET DIE ANTWORT AUF DIE FRAGE 30: „SO FRÜH WIE MÖGLICH (MÖGLICHST SCHON IM KINDERGARTEN)."

Frage 31

Wem kann ich mein Geld anvertrauen?

☐ 1 *Der Bank.*

☐ 2 *Meiner Kommode.*

☐ 3 *Man spart nicht.*

Antwort 31

„LEHRER UND VERWANDTE VERSTEHEN NICHTS VON GELD!“

Nachdem man durch Spiele und Internet aufs Geschäftsleben und den Umgang mit Geld vorbereitet wurde, stellt sich die Frage, wie man im wirklichen Leben mit seinem Geld umgeht. Jedes japanische Kind wird zur Sparsamkeit erzogen. Das ist sicher nicht schlecht, doch solange die Kinder nicht wissen, wofür sie sparen, ist diese Art der Erziehung in meinen Augen sinnlos. Außerdem bin ich der Ansicht, dass die wenigsten Eltern oder Lehrer etwas von Geldangelegenheiten verstehen.

Wer sein Geld auf der Bank als Spareinlage deponiert, leiht im Grunde genommen der Bank sein Geld. Dafür bekommt man von der Bank Zinsen bezahlt, doch da der Zinssatz momentan sehr niedrig ist, leiht man der Bank sein schwer verdientes Geld sozusagen ohne Gegenleistung.

Außerdem fallen für die Führung eines Sparkontos Gebühren an, die doppelt so hoch sind wie die zu erwartenden Zinsen. Mit anderen Worten mache ich Verlust statt Gewinn.

Das heißt aber nicht, dass man sein Geld zu Hause in der Kommode deponieren sollte. Der Ärger mit der Bank und den niedrigen Zinsen entfällt zwar, aber das Geld vermehrt sich auch nicht und bringt keine Erträge. Sowohl auf der Bank als auch zu Hause vergeudet man sein Geld, anstatt davon zu profitieren.

Es gibt andere Möglichkeiten, sein Geld arbeiten zu lassen. Zum einen bieten sich Investitionen in lohnende Projekte an oder man bringt sein Geld als Geschäftskapital in Umlauf. Ich kann nicht verstehen, dass nach wie vor viele Menschen ihr Kapital immer noch einer herkömmlichen Bank anvertrauen.

Der Grund für dieses Verhalten dürfte ihre Unwissenheit sein. Die meisten Menschen, einschließlich vieler Geschäftsführer, beschäftigen sich nicht ausgiebig mit verschiedenen Anlageformen. Die japanische Erziehung ist ein weiterer Hinderungsgrund für den richtigen Umgang mit Geld. Früher, als die Samurai noch die führende Gesellschaftsschicht stellten, waren Reichtum und der Umgang mit Geld generell verpönt. In der Regierungszeit der Tokugawa, die von 1603 an über ganz Japan herrschten, wurde sogar die Naturalwirtschaft bevorzugt und man bezahlte die Gefolgsleute mit Reis. Deshalb haben die meisten Japaner auch heute noch ein gestörtes Verhältnis zu Geld und Reichtum. Damit die Kinder rechtzeitig lernen, wie man mit Geld richtig umgeht, gibt es im Fernsehen Sendungen, aus denen man Wissen beziehen kann. Doch darüber mehr im nächsten Abschnitt.

Auf die Frage 31 kann es nur eine richtige Antwort geben, nämlich: „Man spart nicht."

Frage 32

Wo soll ich ein Bankkonto unterhalten?

☐ 1 *In der Filiale einer herkömmlichen Bank.*

☐ 2 *Bei einer Internetbank.*

☐ 3 *Bei der Post.*

Antwort 32

„Einem normalen Bankkonto vertraut man sein Geld lieber nicht an.“

Am besten richtet man heute ein Konto bei einer Internetbank ein. Über das Internet kann heute praktisch alles abgewickelt werden, warum nicht auch die Geldgeschäfte? Angefangen von Anlagen in Aktien und Devisen bis zum Kauf von frischen Lebensmitteln, alles, was man zum Leben braucht, kann über das Internet bestellt, gekauft, aber auch verkauft werden. Ich bin der Ansicht, dass Abrechnungen und Überweisungen über das Internet und Internetbanken immer mehr an Bedeutung gewinnen werden.

Die Vorteile einer Internetbank sind nicht nur die niedrigen Gebühren. Zum einen unterhält die Internetbank keine teuren Filialen mit vielen Angestellten, wodurch die hohen Gebühren entfallen, zum anderen kann ich bequem von meinem Computer aus Geldtransaktionen vornehmen, was Zeit spart, da ich keine Wartezeiten wie bei herkömmlichen Banken in Kauf nehmen muss.

Genauer betrachtet, sind Banken in ihrer bisherigen Form überflüssig geworden. Hinzu kommt, dass japanische Banken durch unzählige Vorschriften in ihrem Handlungsspielraum sehr eingeengt sind. Da es keinen freien Wettbewerb gibt, wird sich ihr Service auch in Zukunft nicht bessern.

Ein Bankkonto sollte ohnehin nicht als Aufbewahrungsort für Gelder dienen. Geld muss in Umlauf gebracht und vermehrt werden. Und dafür ist die Internetbank momentan am besten geeignet.

Folglich lautet die Antwort auf die Frage 32: „Bei einer Internetbank."

Frage 33

Was ist von Kreditkarten zu halten?

☐ 1 *Sie sind gut einsetzbar.*

☐ 2 *Ich besitze zwar mehrere, benutze aber nur eine.*

☐ 3 *Es lohnt sich nicht, Kreditkarten zu benutzen.*

Antwort 33

„BRINGEN SIE IHR GELD AUF TRAB!“

Kreditkarten wird oft Schlechtes nachgesagt: „Junge Leute kaufen mit ihrer Kreditkarte zu viele Dinge und ruinieren sich damit.“ Dieses Gerede geht an der Sache vorbei. Sicherlich überziehen viele junge Leute oft das Konto und geraten irgendwann in eine Schuldenfalle. Es ist einfach schlecht, wenn man Kreditkarten unüberlegt einsetzt. Die Kreditkarte ist nichts weiter als ein Zahlungsmittel, das Bargeld ersetzt. Durch den richtigen Einsatz der Kreditkarte kann ich mein Geld sogar ökonomisch vorteilhaft einsetzen.

Für ein Essen in einem Restaurant bezahle ich beispielsweise 10.000 Yen. Zahle ich 10.000 Yen in bar, ist dieser Betrag sofort verbraucht. Zahle ich jedoch mit meiner Kreditkarte, wird das Geld erst im nächsten oder übernächsten Monat abgebucht. Bei Bezahlung einer Pauschalsumme fallen keine Zinsen an, so dass die 10.000 Yen noch ein oder zwei Monate für mich arbeiten können. Ein weiterer Vorteil der japanischen Kreditkarte ist, dass kein Jahresbeitrag anfällt. Es gibt also kein effektiveres Zahlungsmittel als eine Kreditkarte.

Grundsätzlich sollte man über sein Geld selbst verfügen und seine Mittel deshalb vorausschauend verwenden, was eine Kreditkarte ermöglicht. Wer sofort bezahlt, statt diesen „Kleinkredit" mittels Kreditkarte zu nutzen, wird nicht in der Lage sein, Gelder richtig einzusetzen, wenn er ein eigenes Geschäft betreibt.

Für den Besitz einer Kreditkarte ist die Kreditwürdigkeit allerdings Voraussetzung. Das Wort Kredit kommt übrigens aus dem Lateinischen „credo = glauben". Benutzt man die Karte zum eigenen Vorteil, kann man sagen, dass man strategisch gehandelt hat. Grundvoraussetzung ist jedoch, dass man weiß, wie man sein Geld einzusetzen hat.

Folglich lautet die Antwort auf die Frage 33: „Sie sind gut einsetzbar."

Frage 34

Welches Zahlungsmittel eignet sich für Interneteinkäufe?

☐ 1 *Eine Kreditkarte.*

☐ 2 *Web-Geld.*

☐ 3 *Das Konto bei der Internetbank.*

Antwort 34

„JEDE GELDTRANSAKTION GIBT DATEN PREIS.“

Dass die Kreditkarte außerordentlich praktisch sein kann, habe ich bereits erörtert. Beim Internet-Einkauf ist jedoch Vorsicht geboten. Der Einsatz der Kreditkarte ist in diesem Fall nicht unproblematisch. Es kann vorkommen, dass man versehentlich die Geheimnummer seiner Kreditkarte Dritten mitteilt, was dazu führen kann, dass kriminellen Machenschaften Vorschub geleistet wird. Auch bei nicht seriösen Internetanbietern kann der Einsatz der Kreditkarte zu Schwierigkeiten führen. Wer sich beispielsweise auf einer Erotikwebsite, die es zur Genüge in Japan gibt, registrieren lässt, läuft Gefahr, von dieser Registrierung nicht mehr zurücktreten zu können. Es kann vorkommen, dass fortwährend Geld vom Konto abgebucht wird, nicht bestellte Waren zugesandt werden oder Rechnungen auftauchen, deren Herkunft fragwürdig ist.

Diese Art des Betrugs wirkt sich nachteilig auf die seriösen Internetanbieter aus. Internetbestellungen und die entsprechenden Rechnungen verlieren zudem an Glaubwürdigkeit.

Um dieses Problem beseitigen zu können, gibt es so genanntes Web-Geld. Es handelt sich dabei um Prepaid-Systeme im Internet durch die kleine Beträge beglichen werden können. Um damit über das Internet oder im Convenience Store, dem japanischen Supermarkt, der 24 Stunden an 365 Tagen im Jahr geöffnet hat, bestellen und bezahlen zu können, sind nur 16 Zeichen in der japanischen Silbenschrift Hiragana einzutragen. Bei einer Bestellung gebe ich meinen Namen und meine E-Mail-Adresse ein, mehr ist nicht nötig. Meine persönlichen Daten bleiben geschützt. Die Bestellung und die Bezahlung sind einfach vorzunehmen, da man nur den Anleitungen folgen muss. So macht Interneteinkauf auch Spaß.

Ich denke, dass die Bezahlung mit Web-Geld oder ähnlichen Einrichtungen immer mehr zunehmen wird.

Folglich lautet die Antwort auf die Frage 33: „Web-Geld."

Frage 35

Was bringt mehr Gewinn, Eigenheim oder Mietobjekt?

☐ 1 *Das Eigenheim.*

☐ 2 *Die Mietwohnung.*

☐ 3 *Vom Marktwert aus betrachtet sind sie gleichwertig.*

Antwort 35

„Seien Sie kein Durchschnittsbürger!"

Nachdem Sie wissen, wie Sie Ihr Geld mittels einer Kreditkarte für sich arbeiten lassen können, sollten Sie als nächstes darüber nachdenken, in welche Projekte Sie Geld investieren sollten. Es gibt den Spruch „My home is my castle". Bestimmt ist das kein schlechtes Motto, doch ich finde, man sollte es sich gut überlegen, ob man ein Haus kaufen oder mieten will.

Normalerweise kauft man sich mithilfe einer Hypothek oder eines Langzeitkredits ein Haus in der Vorstadt. Zu dem Kredit und dessen Tilgung sowie den Zinsen kommen die Grundsteuer und im Laufe der Zeit Reparaturkosten für das Eigenheim hinzu. Betrachtet man die finanziellen Lasten, bedeutet das nichts anderes, als sich für mindestens 35 Jahre an ein einziges Objekt zu ketten. Man arbeitet also nur für dieses Eigenheim und nimmt zudem noch in Kauf, dass man jeden Morgen in einer überfüllten Bahn zur Arbeit und am Abend wieder nach Hause fährt. Man verschwendet seine Energie und Zeit für ein Haus oder eine Wohnung, nur um dem allgemeinen japanischen Mittelklassetraum zu entsprechen.

Doch es ist weitaus besser, zur Miete zu wohnen, als sich an irgendwelche Hypotheken zu binden.

Da sowohl die Kosten für ein Eigenheim als auch für ein Mietobjekt annähernd gleich sind, wird sich die Einstellung auf dem mentalen Sektor wohl kaum ändern. Doch ich bin der Ansicht, dass Menschen, die zur Miete wohnen, einfach flexibler sind, da man jederzeit seinen Wohnort wechseln kann.

Letztendlich beherrscht das Eigenheim aufgrund der Hypothek den Angestellten in seinem Denken und Handeln. Er lebt in der ständigen Ungewissheit vielleicht seinen Job zu verlieren. Die Schulden erdrücken ihn und er wird zum Sklaven seiner Firma, um nur ja nicht in Arbeitslosigkeit zu enden. Das Eigenheim bzw. die Schulden ketten ihn an das Unternehmen, für das er arbeitet, hoffend dort bis zum Rentenalter bleiben zu können.

Mit der Zeit beginnt man, dieses Eigenheim zu hassen, doch gibt es aufgrund der langen Bindung an die Hypothek keine Alternative oder Entkommen. Jede Veränderung, die über das Nötigste hinausgeht, wird als Existenzbedrohung gefürchtet.

Wer sich ein Eigenheim zulegt, legt damit auch seine Zukunft für die nächsten 35 Jahre fest.

Folglich lautet die Antwort auf die Frage 35: „Die Mietwohnung."

Frage 36

Wo soll man sein Büro einrichten?

☐ 1 *Im Herzen von Tokyo.*

☐ 2 *An einem Ort mit niedrigen Grundstückspreisen.*

☐ 3 *Ich brauche kein Büro.*

Antwort 36

„Wer im Zentrum sitzt, kann in die Zukunft sehen."

Dank der Erfindung des Faxgerätes ist es möglich, überspitzt ausgedrückt, von jedem Ort der Welt aus etwas zu regeln. Dennoch sollte man im Auge behalten, dass eine Firma, die hoch hinaus will, einen festen Sitz braucht und sich am besten im Herzen der Hauptstadt einrichten sollte. Aus diesem Grunde ist Livedoor auch nach Roppongi Hills umgezogen.

Der Philosoph und Konsumverhaltensforscher Tatsumi Nagisa hat in seinem Buch „Warum in einem billigen Apartment wohnen und einen Porsche fahren?" analysiert, dass eine Besichtigung von Roppongi Hills einer Wallfahrt zum japanischen Nationalheiligtum Ise gleichkäme. Die Betriebsamkeit in Roppongi Hills vermittle dem Besucher das Gefühl der Hochkonjunktur und die organisierte Besichtigungstour durch das Viertel besitze Erlebniswert.

In Roppongi Hills hat sich die ganze IT-Branche versammelt, die Japan auf Trab hält. Zum Beispiel finden sich dort bekannte

Namen wie Yahoo, Rakuten, Cyber Agent und andere. Livedoor befindet sich auf der 38. Etage eines Bürokomplexes.

Nur wer im Zentrum einer großen Stadt sein Büro aufschlägt, kann Entwicklungen und neue Trends sehen und erkennen. Man sitzt sozusagen am Puls der Zeit. Wer begriffen hat, dass günstige Grundstückspreise und Mieten zwar Kosten sparen helfen, aber für ein pulsierendes Geschäftsleben nachteilig sind, wird sich in Roppongi Hills niederlassen. Selbst Unternehmer aus dem Ausland besuchen Roppongi Hills auf ihren Geschäftsreisen, um sich von der lebendigen und innovativen Atmosphäre zu überzeugen. Wer sein Geschäft voranbringen will, lässt sich nicht in irgendwelchen Neubauvierteln am Rande der Stadt nieder.

Natürlich sind die Mieten in einem Viertel wie Roppongi Hills entsprechend hoch. Betrachten Sie die Kosten als Werbung, die sozusagen im Mietpreis inbegriffen ist.

Folglich lautet die Antwort auf die Frage 36: „Im Herzen von Tokyo."

Frage 37

Soll man einen Vertrag mit einem Buchhaltungskontor abschließen?

☐ 1 *Es ist besser, einen Buchhalter einzustellen.*

☐ 2 *Man soll ein Buchhaltungskontor mit niedrigen Kosten wählen.*

☐ 3 *Eine Buchhaltungssoftware ist genau richtig.*

Antwort 37

„*FRAGEN SIE EIN BUCHHALTUNGSKONTOR NUR, WENN SIE ETWAS NICHT VERSTEHEN.*“

In der Anfangsphase einer Geschäftsgründung geht alles drunter und drüber. Es kann schwere Folgen nach sich ziehen, wenn man nicht mit kühlem Kopf sein Geld verwaltet. Auch in meiner Firma gab es am Anfang Angestellte, die falsche Lohnabrechnungen erstellten, und ich bezahlte große Summen für Überstunden, die unbedenklich für einen Zeitraum angeführt worden waren. Wenn man die Buchhaltung irgendjemandem überlässt, hat man weder Übersicht noch Kontrolle über die notwendigen oder vermeidbaren Ausgaben.

Buchhaltungskontore kosten nur unnötig Geld. Man schließt mitunter, weil man selbst die Buchhaltung als schwierig empfindet, einen Vertrag mit dem Buchhaltungskontor ab, das den niedrigsten Kostenvoranschlag präsentiert. Die niedrigen Kosten umfassen jedoch nur die einfachsten Arbeiten des Kontors, bei schwierigen Abrechnungen oder Aufgaben versagt dieses Kontor oder schweigt auf dringende Anfragen. Die monatlichen Kosten müssen jedoch aufgrund des geschlossenen Vertrages weiter bezahlt werden. Die andere Möglichkeit ist, einen Buchhalter einzustellen, für den ebenfalls nicht gerade geringe Kosten anfallen.

Die Alternative ist eine Buchhaltungssoftware. Wenn man etwas wirklich nicht verstehen sollte, kann man immer noch einen Buchhalter fragen. Die Adressen für Buchhaltungskontore, die man um Rat fragen kann, findet man übrigens auf unserer Homepage unter der „Yayoi Buchhaltungssoftware" angegeben. Man spart mit dieser Software viele Tausend Yen, die man sonst regelmäßig an Buchhalter oder Kontore zahlen müsste.

Fragen zur Buchhaltung kann man auch per E-Mail stellen, was ebenfalls Zeit und Geld spart.

FOLGLICH LAUTET DIE ANTWORT AUF DIE FRAGE 37: „EINE BUCHHALTUNGSSOFTWARE IST GENAU RICHTIG."

Frage 38

Worauf muss man achten, damit das Wachstum der Firma nicht stagniert?

- ☐ 1 *Auf den Umsatz.*
- ☐ 2 *Auf den Profit.*
- ☐ 3 *Auf das Bargeld.*

Antwort 38

„Leute, die Verträge brechen, gibt es überall."

Im Geschäftsverkehr eines Unternehmens ist nicht das Bargeld das grundlegende Element, sondern der auf Kredit basierende Kauf und Verkauf. Wenn man eine Handelsware auf Lager nimmt, handelt man auf der Basis eines Zahlungsvertrages. Wenn man Waren verkauft, ist es genauso. Wer die Verwaltung der Gelder nicht genau einteilt und Rechnungen für den Verkauf von Waren nicht einziehen kann, steht irgendwann ohne Betriebskapital da.

Der Kredit zwischen einzelnen Unternehmen ist zwar eine Vertrauenssache, was aber nicht heißen soll, dass dieses Vertrauen nicht auch missbraucht wird. Es gibt genügend Leute, die ungerührt dagegen verstoßen. Wer sich im Vorfeld nicht dagegen abgesichert hat, wird bittere Erfahrungen machen müssen.

Früher fragten die Angestellten der jeweiligen Firma, wenn Rechnungen verschickt wurden, ob die Unterschrift des Direktors nicht nötig sei. Solche Angestellten dürften gedacht haben, dass damit die Wirksamkeit einer Rechnung noch unterstützt werde.

Doch was soll man machen, wenn der andere die Rechnung trotz der Unterschrift des Direktors nicht bezahlt? Zu dem Zeitpunkt, als die Rechnung ausgestellt wurde, war vielleicht gerade dessen Steuerzahlung fällig. Mit anderen Worten, er hat kein Geld für die Rechnung mehr. Deshalb ist bei Partnergeschäften wohl überlegt und vernünftig zu handeln oberstes Gebot.

Andrerseits wird eine Rechnung kaum einen Bankrott auslösen, selbst wenn momentan kein Bargeld vorhanden ist. Solange in den Rechnungsbüchern Gewinn verzeichnet wird, kann eine Rechnung auch beglichen werden.

Man sollte deshalb genau über den Cashflow des anderen Bescheid wissen oder sich zumindest vor dem Abschluss eines Geschäftes darüber informieren.

Nachlässigkeit und zu große Vertrauensseligkeit sind auf jeden Fall verboten.

DIE ANTWORT AUF DIE FRAGE 38 LAUTET DAHER: „AUF DAS BARGELD."

Frage 39

Was ist der Indikator für den Zustand einer Aktiengesellschaft?

☐ 1 *Der Aktienwert.*

☐ 2 *Die Bilanz.*

☐ 3 *Das Rating.*

Antwort 39

„*ERKENNEN SIE DEN ZUSTAND AUF DEN ERSTEN BLICK!*“

Der Aktienwert ist der an der Börse gehandelte Preis einer Aktie. Der Börsenwert schwankt normalerweise, weshalb man den tatsächlichen Verfassungszustand einer Gesellschaft nicht am Aktienwert messen kann. Der Aktienwert spiegelt nur die Meinung der Aktionäre wider.

Eine Bewertung nach dem Rating ist indiskutabel. In Amerika gibt es zwar das Ratingsystem von Moody's und Standard & Poor's S&P, die die Sicherheit der von Firmen zu emittierenden Wertpapiere beurteilen. Sie bewerten allerdings nicht den Gesundheitszustand einer Gesellschaft oder die Wettbewerbsfähigkeit. Das japanische Ratingsystem ist genauso.

Jedes Unternehmen, ob Aktiengesellschaft oder nicht, kann auf seinen tatsächlichen Zustand überprüft werden. Man muss sich nur die Bilanz ansehen, um den tatsächlichen Zustand eines Unternehmens zu kennen. Bilanzen sind die Aufstellungen von Soll und Haben, Berechnung von Gewinn und Verlust, Prozentrechnung des Reingewinns und detaillierte Tabellen.

Wer sich mit der Materie auskennt, sieht auf einen Blick den tatsächlichen Zustand einer Gesellschaft. Es ist einfach, eine Bilanz zu lesen, wenn man es gelernt hat. Zuerst muss man jedoch lernen, wie eine Bilanz zu lesen ist. Hat man einmal das System begriffen, wird man die Scheu vor Bilanzen verlieren und sie als bequeme Informationsquelle schätzen.

FOLGLICH LAUTET DIE ANTWORT AUF DIE FRAGE 39: „DIE BILANZ."

Frage 40

Wie ist die Gesellschaft vor dem Ruin zu bewahren?

☐ 1 *Die Kenntnisse über die Buchführung müssen erweitert werden.*

☐ 2 *Man muss geschickt mit den Medien umgehen.*

☐ 3 *Die Computerkenntnisse müssen vertieft werden.*

Antwort 40

„DER CHEF MUSS DIE BUCHFÜHRUNG VERSTEHEN."

Den Ruin einer Firma kann der Chef nur dann abwenden, wenn er über alle Vorgänge genau informiert ist und sich vor allem mit der finanziellen Lage auskennt. Er muss genau wissen, wie viele Außenstände die Firma hat, wie viele Einnahmen und Ausgaben.

Doch wie kann ich eine Firma vor dem Ruin bewahren? Ganz einfach. Damit ich weiß, ob meine Firma Geld verdient, muss ich etwas von roten Zahlen verstehen. Selbst wenn eine Firma rote Zahlen schreibt, muss sie noch lange nicht ruiniert sein.

Der Umgang mit den Medien und Computern ist zwar durchaus wichtig, doch in erster Linie eine Frage der Technik. Bei einer Firma, die vor dem Ruin steht, liegt die Ursache oft darin, dass der Chef nicht in der Lage ist, die Rechnungsbücher zu verstehen, sich aber durchaus mit dem Computer auskennt.

Eine Firma kann noch so viele Millionen Umsatz machen, wenn der Chef ein Dummkopf ist und nichts von Finanzen versteht, kann das Unternehmen leicht zugrunde gehen. Deshalb muss ein Firmenchef etwas von Reingewinn und den Bedingungen des in Umlauf befindlichen Geldes verstehen.

Das ist nicht besonders schwierig. Eine Bilanz zu erstellen ist noch einfacher. Selbst ein kleines Unternehmen bringt das leicht zu Wege, wenn es die richtige Buchhaltungssoftware einsetzt. Nur allein durch die Eingabe der Summe des täglichen Umsatzes und der täglichen Ausgaben kann man im Handumdrehen, angefangen vom Hauptbuch über eine vorläufige Bilanz bis hin zum Rechnungsabschluss, alles erstellen.

Wer sich darauf versteht und die Bücher lesen kann, weiß, wann die Firma Gefahr läuft bankrott zu gehen und wann nicht.

Manager und Direktoren müssen deshalb die erforderliche Geschicklichkeit besitzen. Deshalb lautet die Antwort auf die Frage 40: „Die Kenntnisse über die Buchführung müssen erweitert werden."

Frage 41

**Das Kapital reicht nicht aus.
Wie kann ich Geld beschaffen?**

☐ 1 *Gründen Sie auf Biegen und Brechen trotzdem ein Unternehmen.*

☐ 2 *Suchen Sie über das Internet nach Geldgebern.*

☐ 3 *Treiben Sie Ihre Außenstände mit Gewalt ein.*

Antwort 41

„*Finden Sie auf der Seite ‚Bekanntschaften' Ihren Investor!*"

Wenn man eine Firma gründet, braucht man natürlich eine Menge Geld. Man sucht überall nach Geldgebern, weil man selbst nicht genug Kapital hat. Aber nicht nur Existenzgründer können in Geldnot geraten, auch ein bereits bestehendes Unternehmen wird davon nicht verschont, wenn die Außenstände offen bleiben. Aus diesem Grund ist rechtzeitig Vorsorge für eventuelle Engpässe zu treffen.

Eine Firma kann auch ohne eine bestimmte Menge an Bargeld weiter bestehen. Wichtig ist, dass die Außenstände irgendwann als Zahlung verbucht werden können. Wenn eine Arbeit abgeschlossen ist, bedeutet das nicht zwangsläufig, dass die Bezahlung sofort erfolgt. Meistens wird erst nach zwei, drei Monaten die Rechnung beglichen und es wird gefährlich, wenn kein sicheres Betriebskapital vorhanden ist. Das bedeutet, dass der Geldbedarf der Firma im Voraus genau kalkuliert werden muss. Sollten jedoch Engpässe auftreten, sucht man am besten im Internet nach einem Geldgeber.

Auf der Existenzgründerseite von Livedoor ist unter der Rubrik „Geldanlage" ein Treffpunkt für Existenzgründer, die auf der Suche nach einem Investor sind, eingerichtet. Wenn die Angebote interessant sind und den Erwartungen eines Investors entsprechen, kann über ein Verhandlungssystem Kontakt aufgenommen werden.

Ich finde, dass die Gründung von jungen Unternehmen für die japanische Wirtschaft durchaus vorteilhaft sein kann. Deshalb sollte man auf der Seite „Bekanntschaften" unseriöse Anzeigen einfach übergehen und sich auf das Wichtige konzentrieren: auf Investoren.

Folglich lautet die Antwort auf die Frage 41: „Suchen Sie über das Internet nach Geldgebern."

Frage 42

Was ist von Anleihen zu halten?

☐ 1 *Sie sind zu befürworten.*

☐ 2 *Sie sind unvermeidlich.*

☐ 3 *Ich halte nichts davon.*

Antwort 42

„Verabschieden Sie sich von der Auffassung ‚Geld zu leihen ist schlecht'."

Für jedes Unternehmen ist es wichtig, dass nicht nur das Management einwandfrei funktioniert, sondern dass Gelder rechtzeitig und in entsprechendem Umfang zur Verfügung stehen. Ich bin der Meinung, dass Schulden durchaus ihre positive Seite haben können, wenn man sie in ein Plus umwandelt. Das ist aber nur dann möglich, wenn ein gewisser Cashflow besteht, denn sonst könnte die Kreditaufnahme zur Stagnation des Unternehmens führen.

In Japan herrscht nach wie vor die Meinung vor, dass Schulden etwas Schlechtes sind, außer man kauft sich über eine Hypothek ein Eigenheim. Ich finde jedoch, dass Schulden in gewisser Weise eine Vorwegnahme zukünftiger Einnahmen sind. Wer also die Schulden eines Unternehmens kritisiert, hat nach meinem Dafürhalten keine Ahnung von Wirtschaft. Diese Menschen leben noch nach den alten Idealen, die ihnen im Kindesalter beigebracht wurden. „Sei sparsam" war die Devise, die leider auch heute noch viele Eltern ihren Kindern beibringen. Aber über das Thema Sparen hatte ich bereits gesprochen. Schulden zu machen, ohne zu wissen wofür, ist natürlich Unsinn. In der Wirtschaft herrschen jedoch andere Prinzipien als im Privatleben. Durch eine Fremdfinanzierung erreiche ich einen so genannten Leverage-Effekt und habe sozusagen dadurch Gewinn. Entsprechend der Verwendung des Geldes wird der Wert generiert. Wer nicht so denkt, wird nie etwas Großes erreichen.

Folglich lautet die Antwort auf die Frage 42: „Sie sind zu befürworten."

Frage 43

Wem kann ich Glauben schenken, wenn es um Wirtschaftsprognosen geht?

☐ 1 *Eincm Professor für Wirtschaftslehre.*

☐ 2 *Einem Analysten einer Wertpapierfirma.*

☐ 3 *Einem Wirtschaftskritiker.*

Antwort 43

„*PROGNOSTIKER SIND LEIDENSCHAFTSLOS.*“

Wirtschaftsprognosen sind meiner Meinung nach mit Vorsicht zu betrachten. So genannte Analysten, die Wirtschaftsprognosen anhand von Börsenpapieren erstellen, sind in ihren Aussagen meist nicht zutreffend oder korrekt. Der Grund dafür ist, dass sie nicht wirklich die Situation analysieren, sondern darauf abzielen, den Verkauf von Aktien voranzutreiben. Insofern sind sie mehr Berater als wirkliche Analysten. Hinzu kommt, dass diese Personen von Firmen beauftragt werden, eine Analyse zu erstellen, was natürlich im Sinne des Auftraggebers erfolgt. Die Verkaufsstrategie der betreffenden, an die Börse gehenden Firma wird durch die Analyse unterstützt, ist aber keine realistische Darstellung der wirtschaftlichen Situation.

Standpunkte von Wirtschaftswissenschaftlern sind rein rational und zudem theoretisch. Die Meinung dieses Personenkreises kann ebenfalls die Wirtschaftlage nicht wiedergeben, sondern ist eine öffentliche Darstellung der wissenschaftlichen

Ansichten und Lehren, die meist sehr praxisfern sind. Natürlich gibt es auch Kritiker, die darauf bedacht sind, in der Öffentlichkeit zu glänzen und sich zu profilieren. Auch deren Meinung trifft nicht unbedingt die Tatsachen.

Wer also prognostiziert, ohne selbst finanziell verstrickt zu sein, kann es sich erlauben, Voraussagen zu veröffentlichen, ohne selbst Schaden davonzutragen.

Ich habe, was Geld betrifft, aus der eigenen Erfahrung gelernt. Das bedeutet, dass ich durch Experimente gelernt habe und auf dieser Grundlage meine Theorien entwickeln konnte – vergleichbar mit der experimentellen Physik. Wer in der Wirtschaft zwischen der Überlegung „Erst die Theorie oder erst das Experiment" schwankt, würde unglaubwürdig erscheinen, wenn er sich auf die Theorie stützte. Deshalb verlässt man sich am besten auf die eigene Wahrnehmung und die eigenen Erfahrungen.

Infolgedessen trifft keine der Antworten auf Frage 43 zu.

Frage 44

Was versteht man unter dem Durchschnittswert des Aktienkurses?

☐ 1 *Den Grad der Aktivität an der Börse.*

☐ 2 *Den Grad der Aktivität bestimmter Unternehmen.*

☐ 3 *Den Grad der Aktivität der gesamten japanischen Wirtschaft.*

Antwort 44

„DER NIKKEI-DURCHSCHNITT UND DER AKTIENWERT VON LIVEDOOR STEHEN IN KEINEM ZUSAMMENHANG."

Der Nikkei, der Index der Tokyoter Börsenkurse, zeigt die Börsenbewegungen und den Wert der an der Börse gehandelten Aktien an. Die japanische Wirtschaftszeitung *Nihon Keizai Shinbun* greift aus der Listung der Tokyoter Börse 225 Handelsmarken heraus und ermittelt den Durchschnittswert. Kurzum, der Nikkei-Durchschnitt ist der Grad der Aktivitäten dieser 225 Unternehmen, die aber nicht stellvertretend für die gesamte japanische Wirtschaft sind. Demzufolge hat Livedoor, das in der oberen Sektion von MOTHERS [dem japanischen Wachstumsmarkt, Anm. d. Übers.] gelistet wird, mit dem Nikkei nichts zu tun.

Der Nikkei-Durchschnitt notierte während der Bubble-Economy-Periode mit 38.915 Yen am höchsten in seiner Geschichte, während er im Jahr 2003 auf 7.000 Yen sank. Der Nikkei bezieht sich jedoch nur auf ein Fünftel der gesamten japanischen Wirtschaft. Die Bubble-Economy war geprägt von überzogenen Hypotheken, die aufgenommen wurden, um in Unternehmen zu investieren. Durch die Hypotheken stiegen die Grundstückspreise ins Unermessliche. Aber nicht jedem Unternehmen kamen die Investitionen zugute. Der Nikkei der damaligen Zeit war bis zum Platzen der Blase überzogen und entsprach nicht der wirklichen Verfassung der japanischen Wirtschaft. Deshalb kann der Nikkei-Index nicht als verbindlich für die gesamte japanische Wirtschaft gelten.

Durchschnittswerte sind keine ausschließlichen Aussagen, sondern nur Teilaspekte verschiedener Gebiete. Es ist das gleiche wie mit der allgemein errechneten durchschnittlichen Lebenserwartung und der eigenen – es gibt keinen direkten Zusammenhang.

Für das durchschnittliche Lebensalter veranschlagt man heute in Japan 80 Jahre, was nicht besagt, dass jeder wirklich so alt wird. Anders ausgedrückt, wenn das Durchschnittslebensalter 80 ist, kann man genauso gut 100 Jahre alt werden.

Folglich lautet die Antwort auf die Frage 44: „Den Grad der Aktivität bestimmter Unternehmen."

Frage 45

Wie kann ein Unternehmen als börsenfähiges Wertpapier gelistet werden, wenn die Aktiengesellschaft bereits besteht?

☐ 1 *Wenn die Meriten groß sind, kann man gelistet werden.*

☐ 2 *Wenn die Schwächen groß sind, kann man nicht gelistet werden.*

☐ 3 *Das ist von Fall zu Fall verschieden.*

Antwort 45

„Es gibt viele erstklassige Unternehmen, die nicht gelistet sind.“

Aktien jener Aktiengesellschaften, die an der japanischen Börse unter Ausschluss der Öffentlichkeit notiert werden, kann man nicht einfach kaufen. Erstaunlicherweise ist nicht bekannt, dass die Aktien ziemlich vieler Unternehmen der Öffentlichkeit nicht zugänglich sind. Darunter sind so bekannte Namen wie der Getränkehersteller Suntory oder der Süßwarenkonzern Lotte. Idemitsu, ein Petrochemieunternehmen, das Technologieunternehmen Otsuka und das Pharmazieunternehmen Takenaka sind zwar bekannte Firmennamen, werden aber nicht gelistet. Bei den Zeitungsverlagen verhält es sich ähnlich.

Der Vorteil, nicht gelistet zu werden, ist, dass die finanziellen Daten nicht veröffentlicht werden müssen, die Zahl der Aktionäre begrenzt ist und die Manager und Direktoren verhältnismäßig freie Hand haben. Der Vorteil der Listung ist die Beschaffung von Geldern. Aufgrund des mittlerweile öffentlichen Zugangs zu Aktien kann man nicht nur von den Banken Geld leihen, sondern große Summen über den Markt zusammentragen. Aus diesem Grund konnte Livedoor auch mit einem Schlag sein Geschäft vergrößern.

Meriten gibt es immer noch. Beispielsweise die Bekanntgabe eines Firmennamens. Es fallen damit zwar keine Werbungskosten an, aber indem die Firma die Aufmerksamkeit der Investoren auf sich zieht, wird sie bekannt.

Soll ich meine eigene Firma in die Börsenliste aufnehmen lassen? Es ist besser Vor- und Nachteile genau abzuwägen und sich erst dann zu entscheiden.

FOLGLICH LAUTET DIE ANTWORT AUF DIE FRAGE 45: „DAS IST VON FALL ZU FALL VERSCHIEDEN."

Frage 46

Der erste Gewinn.
Doch was soll man damit tun?

☐ 1 *Den Empfangsbereich im Firmengebäude verschönern.*

☐ 2 *Das Chefzimmer renovieren.*

☐ 3 *Eine Reise für die Angestellten buchen.*

Antwort 46

„Geben Sie sich nie mit einem Gewinn zufrieden!“

Solange ein Unternehmen noch nicht wirklich etabliert ist, kann auch kein großartiger Gewinn erwartet werden. Das bedeutet, dass die Investitionen noch keine Früchte getragen haben.

Es ist Unsinn zu denken, dass heute in erster Linie in die Büroeinrichtung, die Extravaganzen für das Chefzimmer oder in ein neues Auto einer ausländischen Marke investiert wird. Die Zeiten, in denen Firmenchefs der alten Garde im Mercedes zum Golfspiel fuhren, sind vorbei, außer bei einigen noch altmodischen Unternehmen. Heute werden für die Angestellten auch keine Reisen in Kurorte mehr organisiert, nur um Steuern zu sparen, denn der moderne Angestellte hat wenig Lust, zusammen mit der ganzen Belegschaft übers Wochenende in einen langweiligen Kurort zu fahren. Er geht lieber mit seinen Kollegen nach Feierabend etwas trinken, was wesentlich lustiger ist, als der Aufenthalt in einem Kur- oder Thermalbadeort, wo um fünf Uhr nachmittags bereits alle Kneipen und Geschäfte geschlossen sind und selbst die Hotelbar zeitig schließt. Angestellte feiern lieber in einem nahe gelegenen kleinen Lokal, in dem sie sich wie zu Hause fühlen, anstatt in langweiligen Hotels die Zeit totzuschlagen.

Die Zeiten sind vorbei, als man Gewinne in Unternehmungen wie die obigen investierte, nur um Steuern zu sparen. Die Zeiten sind unsicherer geworden und Situationen können schnell umschlagen. Eine Firma, die heute noch mit Gewinn und schwarzen Zahlen dasteht, kann morgen bereits von der Bildfläche verschwunden sein.

Zeitungsmeldungen über Aufkäufe oder Übernahmen von Firmen wie die der amerikanischen Spielwarenkette Toys'R'Us, die für 69 Milliarden Yen aufgekauft wurde, sind erschreckend. Niemand sollte heute seinen Gewinn verschleudern oder sich gar damit zufrieden geben, sondern das Geld in zukunftsträchtige Projekte investieren, um nicht das gleiche Schicksal wie dieser Spielwarenunternehmer zu erleiden.

In der derzeitigen Wirtschaftsphase muss jeder in die Zukunft schauen und investieren, damit das Geld auch Früchte tragen kann.

FOLGLICH GIBT ES AUF DIESE FRAGE KEINE ANTWORT.

Frage 47

Was passiert, wenn ein Geschäftszweig seinen Höhepunkt überschritten hat?

- ☐ 1 *Er wird bald verschwinden, wenn man nicht weiter investiert.*
- ☐ 2 *Trotz Verjüngungskur verschwindet er letztendlich.*
- ☐ 3 *Er besteht weiter.*

Antwort 47

„*Geschäftschancen gibt es überall.*“

Ganz gleich wie sich die Zeiten und Umstände ändern, die Geschäfte gehen weiter. Die Schwerpunkte verlagern sich zwar, aber einzelne Geschäftszweige sind deshalb noch lange nicht vom Aussterben bedroht.

Die traditionellen japanischen Häuser werden mit Reisstrohmatten, den Tatami, ausgelegt. Heute sind die meisten japanischen Häuser im westlichen Stil gebaut und mit Parkett oder Teppichboden ausgelegt. Viele Japaner haben jedoch selbst in den modernen Wohnungen immer noch ein traditionelles japanisches Zimmer mit Tatami eingerichtet. Das heißt, der Markt für Tatami ist zwar kleiner geworden, aber nicht untergegangen.

Als die CD aufkam, verschwanden zwar für einige Zeit die Kassettenrekorder, doch sie feierten ein Comeback auf den Secondhand-Märkten, weil man mit ihnen die Zeit, in der man noch jung war, wiederbeleben konnte. Es gibt sogar eine Sorte von Fans, die Musik nur mit einem Rekorder hören will. Es lohnt sich, über so ungewöhnlich starke Bindung einer Kundenschicht an bestimmte Sachen, die eigentlich schon aus der Mode gekommen sind, gründlich nachzudenken. Als im Fernsehen japanische Folkloresänger nicht mehr in Mode waren, gingen sie in die Provinz, wo man sie nach wie vor schätzt, und verdienten dort mit Veranstaltungen ihr Geld.

Gerade auf den totgesagten Märkten bieten sich immer wieder Geschäftschancen.

Als beispielsweise das Breitband aufkam und die meisten Provider die Einwahl ins Internet aufgaben, setzte Livedoor seinen kostenlosen Einwahlservice fort. Wir hatten begriffen, dass sich Zahl der Einwahlsysteme verringert hatte, es aber nach wie vor Benutzer gab, die an diesem System festhielten. Dadurch erhöhte sich die Zahl der Benutzer, die eine Einwahl vorziehen, bei Livedoor. Selbst wenn später Konkurrenten auftreten, muss man jede Chance erkennen und sofort nutzen.

Folglich lautet die Antwort auf die Frage 47: „Er besteht weiter."

Frage 48

**Das Wachstum stagniert.
Welche Gegenmaßnahmen gibt es?**

☐ 1 *Man kann die Mitarbeiter austauschen.*

☐ 2 *Man kann die Arbeitsinhalte verändern.*

☐ 3 *Man kann die Mitarbeiter in den einzelnen Abteilungen austauschen.*

Antwort 48

„BUSINESS IST DIE WELT DER EXPERIMENTELLEN PHYSIK.“

Für die Stagnation in einer Firma kann es verschiedene Ursachen geben. Möglicherweise wurde die Marktgröße bereits erreicht oder die Mitarbeiter haben sabotiert. Vielleicht war der Firmenchef einfach zu sorglos und unbedacht.

Livedoor hatte seit seiner Gründung jedes Jahr seine Leistung durch Computerspiele verdoppelt, doch als nur noch ein anderthalbfaches Wachstum erreicht wurde, dachte man nach, was das Problem sein könnte. Neue Märkte waren zu erschließen. Wir setzten auf Verjüngung. Neue Mitarbeiter wurden eingestellt, doch auch das brachte nicht die Lösung des eigentlichen Problems.

Es wurde herumexperimentiert und die Herausforderung in neuen Aufgaben gesucht. Die Leitung einer Firma, so wie zuvor beschrieben, ähnelt den Methoden der experimentellen Physik.

Man sagte mir nach, dass ich ahnungslos sei, doch mittlerweile wird unser Stil nachgeahmt. Wären wir wirklich so ahnungslos, wäre das kaum der Fall.

Veränderungen können manchmal hilfreich sein. Livedoor wollte nicht seinen Firmennamen ändern, es änderte das Firmenlogo, den Firmensitz und den Inhalt seines Angebots.

FOLGLICH LAUTET DIE ANTWORT AUF DIE FRAGE 48: „MAN KANN DIE ARBEITSINHALTE VERÄNDERN."

Frage 49

Glauben Sie Angeboten, denen zufolge man auf jeden Fall Geld verdienen kann?

☐ 1 *Weil ich derartige Geschichten nicht glaube, lehne ich solche Angebote ab.*

☐ 2 *Man betrügt nach Belieben.*

☐ 3 *Ich beginne sofort mit Handelsgesprächen.*

Antwort 49

„Wem wird am Ende das Geld aus der Tasche gezogen?“

Glauben Sie mir, es gibt keine zutreffenden Geschichten über den hundertprozentigen Gewinn. Wer ihnen von den besten Chancen erzählt, ihnen die besten Tipps gibt, hat meistens schon verloren. Den todsicheren Tipp gibt es nicht.

Ich denke da an die Aktieneuphorie. Wenn die Aktienkurse ins Unendliche steigen und jeder am Gewinn teilhaben will, werden aufkeimende Gefahren meist übersehen. Kriege brechen aus oder andere Ursachen lassen die Aktienpreise in den Keller fallen. Am Ende bleibt nichts übrig. Die Reaktion vieler Leute war, dass sie nie mehr ins Börsengeschäft einsteigen wollten.

Wer Ihnen eine Geschichte erzählt, wie man todsicher Geld verdienen kann, übertreibt sicherlich. Sie sollten aber dennoch zuhören. Jede noch so abenteuerliche Geschichte kann ein Körnchen Wahrheit oder einen wichtigen Hinweis enthalten.

Wer jedoch jede Geschichte wirklich glaubt, ist ein Dummkopf. Geschichten zu erzählen oder ihnen zuzuhören, ist oft der Anfang eines Geschäftsgesprächs, das nur in die richtigen Bahnen gelenkt werden muss. Erzählungen von absolut sicheren Geschäften sind wie die Steine einer Brücke, die, Stück für Stück aufeinander geschichtet, allen die Möglichkeit bietet, darüber zu gehen und zusammenzukommen. Einer muss also mit dem Bau anfangen.

FOLGLICH LAUTET DIE ANTWORT AUF DIE FRAGE 49: „ICH BEGINNE SOFORT MIT HANDELSGESPRÄCHEN."

Frage 50

Welcher Mitarbeiter soll gefördert werden?

☐ 1 *Mitarbeiter ohne Talent.*

☐ 2 *Mitarbeiter mit Talent.*

☐ 3 *Die ganze Belegschaft.*

Antwort 50

„Prüfen Sie die obersten zehn Prozent.“

Ich bin zu der Überzeugung gelangt, dass man in Talente und Genies gezielt investieren sollte. In jeder Organisation dieser Welt findet man talentierte Menschen und dieser Teil der Menschheit führt den Rest mit zum Ziel. Deshalb sollte man nur in Spitzengebiete investieren, anstatt sein Geld gestreut in verschiedenen Einrichtungen anzulegen. Die obersten zehn Prozent der Mitarbeiter, die in einem Unternehmen den Gewinn erwirtschaften, besitzen große Lernfähigkeit und großes Potenzial. Eine gezielte Investition in diese zehn Prozent erlaubt den anderen 90 Prozent, dass sie leben können.

Der Firmenchef muss genau wissen, wer in seiner Firma begabt und leistungsfähig ist. Es ist eine irrige Ansicht, dass durch Schulungen das untere Niveau innerhalb der Firma angehoben werden könne. Das wäre eine Fehlinvestition und reine Verschwendung.

Überall auf der Welt gibt es Führungspersönlichkeiten und Menschen, die geführt werden müssen, das ist ganz natürlich.

Genauso muss ein Unternehmen über Führungskräfte verfügen und eben diese müssen gefördert werden.

FOLGLICH LAUTET DIE ANTWORT AUF DIE FRAGE 50: „MITARBEITER MIT TALENT."

Frage 51

Was halten Sie von Zweitjobs und Nebenbeschäftigungen?

☐ 1 *Man sollte sich nur auf die Arbeit in der Firma konzentrieren.*

☐ 2 *Man sollte sofort mit einer Nebenbeschäftigung anfangen.*

☐ 3 *Man sollte nach Möglichkeit eine Nebenbeschäftigung aufnehmen.*

Antwort 51

„*Die Gründung einer eigenen Firma ist nicht verboten.*“

Ich bin der Meinung, dass man als Angestellter ohnehin nur ausgebeutet wird, weshalb es besser ist, sich möglichst rasch aus der Firma zu verabschieden. Es gibt jedoch Leute, die das aus verschiedenen Gründen nicht tun können. Für diesen Personenkreis empfiehlt es sich, zu Hause ein Zweiteinkommen durch eine Nebenbeschäftigung aufzubauen. Wir nennen das in Japan das Wochenendunternehmen. Bis man endlich in einer solchen Nebenbeschäftigung Erfolg hat, dauert es meist sehr lange. Erst wenn man versucht, außer seinem sicheren Angestelltenverhältnis etwas Eigenes aufzubauen, wird man erkennen, wie schwer es ist, Geld zu verdienen.

Diese Erfahrung teilen sich Angestellte, Hausfrauen und Oberschüler, denen es gestattet ist, etwas Geld zu verdienen. Manch einer baut sich ein kleines Nebengeschäft auf, aus dem später vielleicht sogar eine richtige Firma werden kann.

Der Nebenjob ist aus meiner Sicht in vielerlei Hinsicht nützlich. Es geht nicht nur darum, dass man zusätzlich Geld verdient, sondern es geht um die Erfahrungen, die gesammelt werden. Über das Internet kann man heutzutage alle möglichen Sachen verkaufen oder kaufen. Hier bietet sich die Chance, ein kleines Geschäft zu eröffnen, indem man die Dinge verkauft, die nicht mehr gebraucht werden. Man lernt den Marktpreis für Gebrauchtwaren kennen, weiß, wie Preise zu kalkulieren sind, und hat als Nebeneffekt mehr Platz, weil überflüssige Dinge einen neuen Besitzer gefunden haben.

Leider gibt es in Japan viele Mittel- und Oberschulen, die ihren Schülern das Jobben verbieten. In dem Falle sollte man seine eigene kleine Firma gründen, denn das hat noch keine Schule verboten.

Plagen Sie sich nicht mit Zweifeln, wie „Kann ich überhaupt ein Unternehmen gründen?" Versuchen Sie es einfach. Wer frisch drauflos etwas unternimmt, hat meist Erfolg.

Folglich lautet die Antwort auf die Frage 51: „Man sollte sich nur auf die Arbeit in der Firma konzentrieren."

Frage 52

Ein enger Bekannter möchte sich Geld von Ihnen leihen. Wie reagieren Sie?

☐ 1 *Sie müssen ihm unbedingt Geld leihen.*

☐ 2 *Es ist hoffnungslos, ihm Geld zu leihen.*

☐ 3 *Am besten verleiht man überhaupt kein Geld.*

Antwort 52

*„Zuverlässigkeit und Unwissenheit
im Umgang mit Geld
sind zwei verschiedene Dinge."*

Einem Menschen seines Vertrauens sollte man auf jeden Fall Geld leihen, wenn es sich um eine geschäftliche Angelegenheit handelt. Ich bin der Ansicht, dass man damit seinen Beitrag zur Marktwirtschaft leistet.

Die wichtigste Voraussetzung ist jedoch die Vertrauenswürdigkeit. Wenn ich davon überzeugt bin, dass derjenige, der sich von mir Geld leihen will, vertrauenswürdig ist, und es mir die Umstände erlauben, Geld zu verleihen, überlege ich nicht lange. Natürlich muss diese Summe in einer bestimmten Zeit zurückgezahlt werden.

Es gibt tatsächlich Leute, die behaupten, dass sie sich noch nie Geld geliehen hätten, und deshalb auch anderen kein Geld leihen würden. Solche Leute gehen zur Bank und legen ihr Geld als Festgeld an, das heißt, sie leihen im Grunde genommen der Bank ihr Geld anstatt einem Bekannten auszuhelfen. Andere, die behaupten sich nie Geld zu leihen, nehmen einen Kredit über 35

Jahre für ein Eigenheim auf. Doch das bereits besprochene Eigenheimdarlehen ist nichts anderes als eine Festlegung der eigenen Zukunft durch geliehenes Geld. Ich verstehe diese Einstellung nicht. Ob ich nun der Bank das Geld leihe oder einem Bekannten, in jedem Fall handelt es sich um Verleihen. Genauso verhält es sich mit dem Darlehen für ein Eigenheim. Auch hier leihen sich die Leute Geld für einen Besitz, an den sie mindestens 35 Jahre gebunden sind.

Warum also nicht einem Bekannten helfen, wenn er Geld braucht? Ich habe mir für meinen Unternehmensstart auch Geld von Bekannten geliehen, die erkannt hatten, dass mein Geschäft Zukunft hat.

Natürlich denkt man im Prinzip zuerst an die Solidität, doch Solidität und Unwissenheit bei Gelddingen sind zwei verschiedene Dinge. Man sollte das Wesen des Geldes erst einmal studieren, bevor man die Bitte eines Bekannten rundweg ablehnt.

FOLGLICH LAUTET DIE ANTWORT AUF DIE FRAGE 52: „SIE MÜSSEN IHM UNBEDINGT GELD LEIHEN."

Frage 53

Was braucht man, um aus 1 Million Yen 100 Millionen Yen zu machen?

☐ 1 *Man muss die Einstellung gegenüber Geld verändern.*

☐ 2 *Man muss die Lebensgewohnheiten ändern.*

☐ 3 *Man muss nichts ändern.*

Antwort 53

„Bleiben Sie sich selbst treu.“

In Japan sagt man, dass eine Firma, die ihren Höhepunkt im Wachstum erreicht hat, anfangen muss, über Veränderungen nachzudenken. Ich bin jedoch anderer Meinung und denke nicht, dass sich das Verhalten eines Firmenchefs bei stetigem Wachstum seiner Firma verändern sollte. Meine Einstellung gegenüber Geld und der Arbeit hat sich nicht ein bisschen seit der Gründung meines Unternehmens geändert. Warum auch? Meine Firma ist größer geworden, das gebe ich zu, aber deshalb hat sich mein Arbeitseifer nicht verringert. Ich arbeite immer noch gerne und halte Ausschau nach lohnenden Projekten.

Ich habe gelernt, mit Geld umzugehen, deshalb macht es keinen Unterschied, ob ich aus 10.000 Yen eine Million oder aus einer Million 100 Millionen mache. Ich darf einfach in meinen Bemühungen nicht nachlassen, das ist alles.

Egal, wie viel Geld ich bewege und verdiene, sobald ich mich selbstzufrieden zurücklehne, falle ich zurück. Wachstum muss für einen Firmenchef immer selbstverständlich und natürlich sein, dann wird er nicht wie ein Reicher der Köstlichkeiten überdrüssig.

Jeder Tag bringt etwas Neues, ist sozusagen ein Wendepunkt in der heutigen wettbewerbsorientierten Gesellschaft Japans. Wenn ich das erkannt habe, kann ich, ohne mich und mein Verhalten zu ändern, so weiter machen wie in der Anfangszeit meines Unternehmens.

FOLGLICH ZIEHEN WIR UNS ZURÜCK UND ANTWORTEN AUF DIE FRAGE 53: „MAN MUSS NICHTS ÄNDERN."

Frage 54

Worauf muss ich achten, wenn ich jemanden einstellen möchte?

- ☐ 1 *Auf den Lebenslauf.*
- ☐ 2 *Auf die Kleidung.*
- ☐ 3 *Auf die Ausdrucksweise.*

Antwort 54

„DIE AUGEN SAGEN
OFT MEHR
ALS DER MUND!“

Überall auf der Welt gibt es talentierte und unbegabte Menschen. Es ist völlig normal, dass ein Teil der Begabten die restlichen Unbegabten anführt. In einem Einstellungsgespräch kann man am ehesten herausfinden ob man einen begabten Menschen vor sich hat oder nicht.

Livedoor führt bei der Einstellungsprüfung keinen schriftlichen Test durch, sondern stellt Mitarbeiter nur aufgrund eines einzigen Vorstellungsgesprächs ein. In einem ungezwungenen Gespräch erfährt man die Einstellung des Bewerbers, was ich für die beste Methode halte.

Hoffnungslose Fälle erkennt man meist innerhalb von Sekunden. Ein unsicherer Blick und die Ausdrucksweise verraten sehr schnell, dass man einen hoffnungslosen Fall vor sich sitzen hat.

In dem Buch „Die Ausdrucksweise kluger Köpfe und schlechter Menschen“, das ein Bestseller wurde, wird die Frage aufgeworfen, ob ein Vorstellungsgespräch bei unintelligenten Menschen, die nicht sofort begreifen, nicht völlig nutzlos sei. Auch wenn jemand vielleicht nicht sehr beredt ist, kann ich doch an den Augen ablesen, ob mein Gesprächspartner bei einem solchen Vorstellungsgespräch nicht vielleicht verborgene Talente besitzt, die durchaus in meiner Firma gebraucht werden. Man braucht natürlich eine gute Portion Menschenkenntnis, um so etwas zu erkennen. Überdurchschnittlich begabten Menschen merkt man die Intelligenz sofort an, darüber muss nicht weiter gesprochen werden.

Die Kleidung alleine macht noch keinen wirklich guten Mitarbeiter aus. Ich selbst werde kritisiert, wenn ich auf einer Pressekonferenz im T-Shirt erscheine. Ich bin jedoch der Meinung, dass Kleidung nicht ausschlaggebend ist und man aufgrund der Kleidung keine Rückschlüsse auf die Qualifikation eines Menschen ziehen sollte.

FOLGLICH LAUTET DIE ANTWORT AUF DIE FRAGE 54: „AUF DIE AUSDRUCKSWEISE."

Frage 55

Nach welchen Kriterien soll ein Angestellter beurteilt werden?

☐ 1 *Nach dem Gewinn, den er für ein Unternehmen erzielt.*

☐ 2 *Nach dem Vertrauen, das der Vorgesetzte in ihn setzt.*

☐ 3 *Nach dem Auftreten in der Firma.*

Antwort 55

„*Es gibt keine kuriosen Gestalten.*“

Bei der Beurteilung eines Angestellten zählt der Gewinn, den er für ein Unternehmen zu erwirtschaften in der Lage ist. Das ist eine ganz einfache Rechnung. Bei einer Aktiengesellschaft arbeitet der Angestellte für die Aktionäre, die von seinem Einsatz profitieren. Die Aktiengesellschaft wiederum zahlt dem Angestellten das Gehalt. Es ist also ein Geben und Nehmen. Man kann demnach einen Angestellten nach dem erwirtschafteten Gewinn beurteilen.

Die meisten Angestellten erklimmen die Karriereleiter in vielen Unternehmen jedoch nicht aufgrund ihrer Leistung, sondern aufgrund ihres Alters. Die Beziehungen innerhalb der Firma, das gute Verhältnis zum Vorgesetzten, waren in vielen Fällen die Voraussetzung, um eine Sprosse nach der anderen hochzuklettern. Doch heute ist diese Auffassung veraltet und nicht mehr zeitgemäß. Ein Unternehmen muss in die Zukunft schauen und konkurrenzfähig sein, deshalb kann es sich nur Angestellte leisten, die auch arbeiten und sich einsetzen. Die Höhe des geleisteten Beitrags zum Gewinn der Firma wird heute aufmerksamer betrachtet und der Angestellte nach Leistung entlohnt, zumindest bei Livedoor.

Livedoor mag etwas unkonventionell sein, was das Auftreten der Mitarbeiter betrifft. Bei uns finden Sie Mitarbeiter mit blondierten Haaren, andere wiederum tragen das ganze Jahr über bunte Hawaiihemden. Wir legen keinen besonderen Wert auf die äußere Erscheinung, sondern auf die Leistung. Nur die zählt wirklich und wird auch entsprechend anerkannt.

FOLGLICH LAUTET DIE ANTWORT AUF DIE FRAGE 55: „NACH DEM GEWINN, DEN ER FÜR EIN UNTERNEHMEN ERZIELT."

Frage 56

Auf welcher Grundlage berechnen Sie das Gehalt Ihrer Angestellten?

☐ 1 *Nach dem Dienstalter.*

☐ 2 *Aufgrund der alleinigen Entscheidung der Betriebsleitung.*

☐ 3 *Den Fähigkeiten entsprechend.*

Antwort 56

„*DAS VERHALTEN DER KOLLEGEN UNTEREINANDER SOLLTE MAN ERNST NEHMEN.*"

In japanischen Firmen ist das System der Gehaltsberechnung meiner Meinung nach völlig verkehrt. In vielen Firmen wird immer noch nach dem Dienstalter bezahlt, aber nicht nach der Leistung. Das ist ungerecht, da junge und begabte Angestellte, die sich einsetzen und wirklich etwas leisten, nicht zum Zuge kommen. Firmen, die ihre Gehälter nach dem Alter der Angestellten abgestuft haben, sind für mich ein Anachronismus.

Indem die Gelder vor allem auf die langjährigen Mitglieder der Firma, die sich mehr oder weniger nach oben gedient haben, verteilt werden, müssen die jungen Angestellten mit einem geringen Gehalt vorlieb nehmen, was nicht gerade motivierend ist. Es ist schwer, in derartigen althergebrachten Firmenstrukturen die Privilegien der Älteren abzuschaffen, weil die natürlich daran festhalten. Diese Privilegien umfassen zusätzlich zum normalen Gehalt Zahlungen für Wohnung, Schulgelder, Kinder usw.

Livedoor hat von Anfang an auf dieses Gehaltssystem verzichtet. Fähige Mitarbeiter erhielten eine entsprechende Vergütung, bei anderen wurde das Gehalt gekürzt.

Auch für Vorstandsmitglieder gelten strengere Maßstäbe. Als Livedoor die Entlohnung seines Vorstands festlegte, wurde ein gegenseitiges Bewertungssystem der Vorstandsmitglieder eingeführt. Durch die gegenseitige Beurteilung der Vorstandsmitglieder können Trödeleien und Sonderrechte effektiv bekämpft werden. Bei Livedoor gibt es keine Vorstandsmitglieder, die selbstgefällig den von der Sekretärin servierten Tee trinken und dabei Zeitung lesen. Bei uns wird die Zeit genutzt.

Auch die Angestellten von Livedoor sollen keine bloßen Gehaltsempfänger sein. Wir suchen Partner, die ihre Arbeit erledigen und Geld verdienen.

Folglich ist natürlich die Antwort auf die Frage 56: „Den Fähigkeiten entsprechend."

Frage 57

Was erwarten Sie von einem Vorgesetzten?

☐ 1 *Dass man ihm Respekt entgegenbringen kann.*

☐ 2 *Dass er die Arbeit genau zuteilt.*

☐ 3 *Dass er wie ein Freund ist.*

Antwort 57

„*EIN SOFORTIGES LOB BEWIRKT MITUNTER DAS GEGENTEIL.*“

Ein Vorgesetzter, der seine Untergebenen streng behandelt, ist ein guter Vorgesetzter. Ich erhalte von meinen Angestellten kaum ein Lob. Man sollte Personen, für die es selbstverständlich ist, Überdurchschnittliches zu leisten, auch nicht einfach loben. Es verwirrt nur und macht misstrauisch. Es gibt eine ganze Reihe an Büchern, die den Angestellten nahe legen, den Chef zu loben, was ich als reine Speichelleckerei betrachte. Nur wer sich einschmeicheln will, lobt über die Maßen Dinge, die ganz selbstverständlich zum Aufgabenbereich eines Vorgesetzten gehören. Ich denke, die Zeiten sind vorbei, in denen man solche Bücher liest.

Normalerweise drückt sich die Anerkennung für die Arbeit der Angestellten in Form von Geld aus. Für herausragende Angestellte zahlt sich das aus. Bei Livedoor gibt es Angestellte, die mehr als zwei Millionen Yen pro Monat verdienen. Um die Mitarbeiter zu motivieren, genügt ein einfaches Lippenbekenntnis nicht. Sonderzahlungen sind der beste Ansporn für noch bessere Arbeit.

In Japan gibt es immer noch Firmen, in denen die Angestellten von einer Abteilung in die nächste versetzt werden, um zu testen, auf welcher Position sie sich am besten bewähren. Ich bin der Meinung, dass dieses System nicht effektiv ist, weil der Einzelne keine Kompetenz erwerben kann. Wer nicht genau weiß, welche Aufgaben er zu bewältigen hat, kann sich auch nicht genügend zum Wohle der Firma einsetzen.

FOLGLICH LAUTET DIE ANTWORT AUF DIE FRAGE 57: „DASS ER DIE ARBEIT GENAU ZUTEILT."

Frage 58

Welche Ziele würden Sie als Vorstandsmitglied Ihren Untergebenen vorgeben?

☐ 1 *Ziele, die erreichbar sind.*

☐ 2 *Hochgesteckte, schwer zu erreichende Ziele.*

☐ 3 *Gar keine Ziele.*

Antwort 58

„*EIN EINZELNER KANN 20 UNTERGEBENE LEITEN.*"

Niemand sollte unerreichbare Ziele vorgeben, wenn er seine Untergebenen motivieren will. Ziele müssen gesteckt sein, doch erreichbare und machbare. Alles andere ist Unsinn und entmutigt die Angestellten nur.

Natürlich muss sich jeder anstrengen und sein Bestes geben und mit jedem erreichten Ziel können die Erwartungen für das nächste Projekt ein wenig höher geschraubt werden. Auf diese Weise verbessert sich das Niveau in einer Firma oder Abteilung Schritt für Schritt. Das gesetzte Ziel muss nicht nur machbar, sondern auch innerhalb einer festgelegten Zeitspanne erreichbar sein. Dessen muss man sich noch vor Inangriffnahme bewusst sein.

Ein Einzelner ist in der Lage mindestens 20 Angestellte zu leiten. Der Vorgesetzte gibt genaue Anweisungen und überwacht den Fortgang der Arbeit. Darüber hinaus achtet er besonders auf die Neulinge und diejenigen, die aus einer anderen Sparte in die Abteilung oder Firma gekommen sind. Mitarbeiter, die nicht selbständig arbeiten können und vor allem die Arbeit nicht sehen, gefährden jedes Projekt und das Erreichen des Ziels. Auf solche Mitarbeiter sollte man besser verzichten.

Der Vorstand legt die allgemeine Richtlinie einer Firma fest, deren Befolgung Aufgabe der einzelnen Abteilungsleiter ist.

Bei Livedoor wird die Arbeit über E-Mails zu- und mitgeteilt. Besonders interessante Aufgaben werden an die betreffenden Mitarbeiter direkt durch E-Mails weitergegeben. Ich bin der Ansicht, dass der elektronische Weg eine praktische Methode ist, um Mitarbeiter auf moderne Art und Weise zu führen.

Folglich lautet die Antwort auf die Frage 58: „Ziele, die erreichbar sind."

Frage 59

Es ist sechs Uhr abends und vor Ihnen türmt sich noch Arbeit auf, die erledigt werden muss. Was tun Sie?

☐ 1 *Die für heute aufgetragene Arbeit verschiebe ich nicht auf morgen.*

☐ 2 *Die für morgen aufgegebene Arbeit erledige ich heute noch nicht.*

☐ 3 *Ich habe das Gefühl, nichts tun zu müssen, deshalb tue ich nichts.*

Antwort 59

„Was du heute kannst besorgen, das verschiebe nicht auf morgen."

Routine bei der Arbeit stellt sich von selbst ein, wenn sich die Aufgaben wiederholen. Neben der Routine ist aber die Schnelligkeit ausschlaggebend. Wer kennt nicht das Gefühl, mit seiner Arbeit im Rückstand zu sein? Aufgaben, die sofort erledigt werden können, sollte man rasch erledigen und nicht erst warten, bis man dazu motiviert ist. Ich spreche aus Erfahrung. Als Kind habe ich Hausaufgaben, die wir über die Sommerferien aufbekommen hatten, bis zum Ende der Ferien vor mir hergeschoben. Jeden Tag wurde das Gewissen ein bisschen schlechter. Bei der Arbeit verhält es sich genauso. Man sollte deshalb alles, was gleich zu erledigen ist, auch tun.

Wenn es beispielsweise heißt, Herr X sei anzurufen, greift man besten sofort zum Hörer. Ideen sind ebenfalls gleich in die Tat umzusetzen. Es ist ein wunderbares Gefühl, wenn die Arbeit Stück für Stück weniger wird. Ich vergleiche diesen Vorgang mit einer geregelten Verdauung. Wer unter Verstopfung leidet, kennt das unbeschreibliche Gefühl der Erleichterung, wenn man endlich auf die Toilette gehen kann. Wer täglich sein Pensum erledigt, hat eine geregelte Verdauung und lebt deshalb leichter.

Gewiss gibt es bestimmte Prioritäten, die zu beachten sind, doch was sich schnell und sofort bearbeiten lässt, sollte man auch auf der Stelle erledigen. Man gerät dann nicht in einen Arbeitsstau und kann am Abend die Firma mit ruhigem Gewissen verlassen.

Wer etwas auf die lange Bank schiebt, scheint, so denke ich, zu glauben, dass er ewig lebe. Kurzum, man sollte nach der Devise leben „Was du heute kannst besorgen, das verschiebe nicht auf morgen". Natürlich gibt es auch Aufgaben, für die man nicht kompetent genug ist. In diesem Falle gibt man die Arbeit ab oder man delegiert bei zu großem Arbeitsandrang, damit Arbeiten nicht liegen bleiben.

Also zögern Sie nicht und antworten Sie auf die Frage 59: „Die für heute aufgetragene Arbeit verschiebe ich nicht auf morgen."

Frage 60

Warum arbeiten Sie immer noch, obwohl Sie schon genug Geld verdient haben?

☐ 1 *Weil Sie Angst vor der Zukunft haben.*

☐ 2 *Weil Sie noch Träume haben.*

☐ 3 *Weil Sie sich nichts dabei denken.*

Antwort 60

„*Unfähige Leute werden nur ausgebeutet.*“

Ein Angestellter arbeitet stets weiter, weil er in der beständigen Angst lebt, seinen Job zu verlieren. Er ist unsicher, weil er nicht weiß, was im Alter sein wird. Er ist verunsichert, was seine Gesundheit betrifft, seine Familie. Solche Menschen leben in einer ständigen Angst. Diese Angst wird insbesondere bei älteren Menschen noch dadurch verstärkt, dass sich das System der lebenslangen Beschäftigung in einer Firma langsam überholt und die früher garantierten Sicherheiten immer mehr entfallen.

Heute gibt es auch in Japan offiziell Arbeitslose. Viele fürchten sich davor, ihren Job zu verlieren, und deshalb arbeiten sie noch mehr als ohnehin schon. Früher brauchten sich weder die Angestellten noch die Beamten Sorgen um ihre Zukunft zu machen, doch heute sieht die Lage anders aus.

Wer nicht in der Lage ist, sein Leben selbst in die Hand zu nehmen, wird immer unsicher und ängstlich bleiben und deshalb zum Objekt der Ausbeutung werden. Nur wer genug Mut hat, sich aus diesem Kreislauf von Ausbeutung und Angst zu befreien, wird die Firma verlassen und versuchen auf eigenen Beinen zu stehen. Er wird sich eine neue Existenz aufbauen.

Wenn man ein Unternehmen gegründet und bereits mehrere Millionen gescheffelt hat, ist man von dieser quälenden Angst befreit. Ich habe bereits genug Geld verdient, so dass ich mein Leben unbeschwert verbringen kann. Was ich an Geld habe, lässt sich mit dem Etat der Mongolei vergleichen. Doch ich möchte noch das Weltall erschließen und den Ursprung des menschlichen Lebens erforschen. Deshalb arbeite ich weiter, um mir diese Träume erfüllen zu können. Meine Motivation weiterhin Geld zu verdienen, ist also keine Raffgier.

Wer Träume hat, wird sie wohl kaum erfüllen können, wenn er nicht hart arbeitet.

FOLGLICH LAUTET DIE ANTWORT AUF DIE FRAGE 60: „WEIL SIE NOCH TRÄUME HABEN."

Frage 61

Ich möchte eine Agentur für Weltraumreisen aufmachen. Was würden Sie mir raten?

☐ 1 *Ich würde Weltraumtechniker werden.*

☐ 2 *Ich würde eine Reisegesellschaft gründen.*

☐ 3 *Ich würde der NASA beitreten.*

Antwort 61

„Schliemann war kein Archäologe."

Mein Traum ist es, eine Agentur für Weltraumreisen zu eröffnen. Dafür brauche ich keine Kenntnis der Weltraumtechnik. Zuerst muss ich Geld verdienen, damit ich eine solide Grundlage für meine Agentur schaffe und mein Traum Wirklichkeit werden kann. Kurzum, es ist besser, gleich eine auf den Weltraum spezialisierte Reisegesellschaft zu gründen, als sich Wissen über Weltraumforschung anzueignen, mit dem man aber nicht genug Geld verdient.

Ich bin der Ansicht, dass Geld die wichtigste Grundlage aller Unternehmen ist, und zitiere deshalb gerne Schliemann, der kein Archäologe war, aber dennoch Troja entdeckte. Heinrich Schliemann war ein erfolgreicher Geschäftsmann, der sein Geld erfolgreich in Aufsehen erregende archäologische Grabungen steckte und sich damit einen Traum erfüllte. Hätte er sich, um sich diesen Traum erfüllen zu können, erst nach einem Geldgeber umsehen müssen, wäre er bestimmt nicht ans Ziel seiner Träume gekommen. Als reiner Wissenschaftler wäre er womöglich für immer in seiner kleinen Studierstube geblieben und hätte keines seiner Ziele erreicht.

Ich will damit sagen, dass Träume und Ziele nur auf einer soliden finanziellen Grundlage erreicht werden können, nicht aber durch Spezialwissen.

Was die Welt in Gang hält, ist einzig und allein Geld. Ich habe verschiedene Träume, die ich verwirklichen möchte. Aber ohne Geld sind sie nicht zu realisieren, was jeder, der hochgesteckte Ziele hat, erkennen sollte.

Folglich lautet die Antwort auf die Frage 61: „Ich würde eine Reisegesellschaft gründen."

Frage 62

Was ist wichtig, um geschäftliche Erfolge zu erzielen?

☐ 1 *Man muss auf Veränderungen reagieren.*

☐ 2 *Man muss Veränderungen provozieren.*

☐ 3 *Man muss nichts verändern.*

Antwort 62

„WIR KÖNNEN BEREITS DIE ZUKUNFT SEHEN."

Ich bin der Meinung, dass man selbst Änderungen herbeiführen muss. Man kann zwar nach wie vor die gleichen Waren oder Dienstleistungen wie bisher anbieten, sollte aber gewärtig sein, dass sich der Geschmack oder das Bedürfnis der Kunden im Laufe der Zeit ändern wird. Wer langfristig Erfolg haben will, muss Trends erkennen und sich neuen Anforderungen stellen können. Es ist wichtig, sich die nächsten Schritte zu überlegen und zum richtigen Zeitpunkt zu handeln. So lag der Schwerpunkt der japanischen Wirtschaft zunächst auf der Textilindustrie, heute liegt er in den Bereichen Schwerindustrie und Hightech.

Die meisten Leute, die von Veränderungen sprechen, drehen sich in Wirklichkeit nur im Kreis. Sie reagieren, aber sie agieren nicht. Ich finde, man muss selbst die Initiative ergreifen und Veränderungen selbst herbeiführen.

In Japan gibt es das Sprichwort, dass der Nagel, der heraussteht, eingeschlagen werden muss. Das bedeutet, dass alle gleich sein sollen. Ich bin gegen diese Haltung und finde, dass gerade der herausstehende Nagel reizvoll ist. Wenn alle gleich sind, wo sind dann die Innovationen zu finden?

Aus diesem Grunde sind Veränderungen und Neuerungen geradezu Programm bei Livedoor. Wir wollen nicht die ausgetretenen Pfade weitergehen, sondern neue beschreiten.

Ich habe in den 90er-Jahren erkannt, dass das Internet die Kommunikation der Zukunft ist. Auf dieser Basis werde ich immer neue Produkte anbieten und neue Märkte erschließen, um auch weiterhin innovativ und Veränderungen gegenüber aufgeschlossen zu sein.

FOLGLICH LAUTET DIE ANTWORT AUF DIE FRAGE 62: „MAN MUSS VERÄNDERUNGEN PROVOZIEREN."

Frage 63

Welche Musik hören Sie auf dem Weg zur Arbeit?

☐ 1 *Japanischen Pop.*

☐ 2 *Klassik.*

☐ 3 *Internationale Musik.*

Antwort 63

„*DIE NEUESTEN TRENDS WERDEN VON JUNGEN LEUTEN GEMACHT.*“

Musik ist Balsam für die Seele, sie hält unsere Gefühle wach, kann sie beruhigen, uns aber auch inspirieren. Musik, ob Klassik oder Pop, hält für jeden Geschmack etwas bereit. Ich persönlich bevorzuge japanische Popmusik, weil sich in dieser Musik der Zeitgeist Japans widerspiegelt. Natürlich gibt es auch alberne Musikstücke, doch bevor man sie verurteilt, sollte man sie gehört haben. Dann kann man sie immer noch ablehnen.

Neue Moden werden von jungen Leuten kreiert. Und junge Leute stehen im Zentrum des Konsums. Genauso verhält es sich mit der japanischen Popmusik, die Wünsche und Sehnsüchte der jungen Leute ausdrückt. Als Firmenchef eines modernen Unternehmens kommt man nicht umhin, sich auch mit Popmusik zu beschäftigen. Für mich sind in dieser Art Musik die neuesten Trends zu erkennen und die wiederum kann ich für meine Geschäfte nutzen.

Gelegentlich gehe ich zum Karaoke. Wenn ich mit dem Auto dorthin fahre, stapeln sich in meinem Wagen die CDs mit den neuesten japanischen Popsongs. Auf der Website von Livedoor finden sich unter den Weblogs von Kishidan und Kuraki Mai [japanische Sänger, Anm. d. Übers.] die neuesten Nachrichten, auch das geht Hand in Hand mit den neuesten Modeerscheinungen. Ein Firmenchef muss seine Antennen eben in alle Richtungen ausfahren.

Folglich auch auf dem Weg zur Arbeit und deshalb lautet die Antwort auf die Frage 63: „Japanischen Pop."

Frage 64

Warum reagieren manche Menschen nicht, obwohl sie eine Sache verstandesmäßig begriffen haben?

- ☐ 1 *Weil sie von der guten Sache überwältigt sind.*
- ☐ 2 *Weil sie nach Perfektion suchen.*
- ☐ 3 *Weil sie wenig Antriebskraft haben.*

Antwort 64

„Konzentrieren Sie sich auf das Ganze.“

Wenn man eine Sache verstanden hat, ist sie einfach. Doch wenn auf das Begreifen keine Reaktion folgt, kann das verschiedene Ursachen haben. Manche Menschen sind einfach perplex und deshalb reaktionsunfähig. Wer ein Geschäft abschließen will, muss vor allem Rechnen können.

Im Geschäftsleben ist es verboten, sich überraschen zu lassen. Man muss den Kreislauf des Geldes genau kennen, sich im Klaren über Gewinn und Verlust sein und bei Preisverhandlungen sofort reagieren. Wer das nicht kann, wird auch keinen Erfolg haben.

Ich habe selbst keine Hemmungen, was Verhandlungen angeht. Ich sehe nur das Ergebnis, alles andere zählt nicht. Wer bei Geschäftsverhandlungen mehr Wert auf gepflegte Kleidung als auf den Inhalt des Gesprächs legt, wird die wesentlichen Punkte der Verhandlung vielleicht verpassen. Junge Unternehmer haben dies erkannt und sind oft sehr lässig gekleidet. Aus der konservativen Zeit ist vielleicht noch die Krawatte als Zugeständnis an früheren Kleiderordnungen geblieben. Wer jedoch auch im Hochsommer, der in Japan heiß und schwül ist, nach wie vor Wert auf einen Anzug legt, ist bei mir nicht an der richtigen Adresse. Äußerlichkeiten zählen nicht, sondern das Ergebnis einer Verhandlung.

Deshalb bin ich der Meinung, dass man bei einer Verhandlung oder einem Verkaufsgespräch nicht auf Nebensächlichkeiten wie die Kleidung achten sollte, sondern auf das Ganze, mit anderen Worten auf den Gewinn, der sich erzielen lässt.

Folglich lautet die Antwort auf die Frage 64: „Weil sie von der guten Sache überwältigt sind."

Frage 65

Welche Medien sind auf dem Sektor „interaktive Umwelt“ führend?

- ☐ 1 *Das Internet.*
- ☐ 2 *Die digitale Übertragung.*
- ☐ 3 *Das derzeitige Übertragungssystem.*

Antwort 65

„ *Die Infrastruktur ist bereits vorhanden.* “

Im Jahre 2002 wurden erstmals terrestrische Wellen digital übertragen, wogegen ich mich jedoch wehre, weil ich das Internet benutze und bevorzuge. Das neue Übertragungssystem soll zwar nützlich sein und für den Anwender erfolgreich einsetzbar, doch ich bin davon nicht überzeugt.

Mittlerweile sind Fernseher immer breiter und flacher geworden, was unbestreitbar zur Verbesserung der Bildqualität geführt hat. Ich liege am liebsten auf dem Sofa, wenn ich fernsehe. In dieser Lage ist es allerdings schwierig, mit der Fernbedienung interaktive digitale Bilder zu bearbeiten. Aus diesem Grund ziehe ich meinen Computer für eine Bearbeitung vor. Bevor ich in die Übertragung terrestrischer Wellen investiere, würde ich lieber in das Internet investieren.

Die digitale Übertragung ist durchaus als ein Fortschritt zu betrachten, doch meist wird vergessen, dass zeitgleich auch das Internet große Fortschritte im Hinblick auf die Geschwindigkeit erreicht hat, was der Einführung des Breitbandsystems zu verdanken ist. Das Internet ist insgesamt offener geworden, so dass durch den Wettbewerb gute Produkte auf den Markt kommen. Ich bin der Meinung, dass die Übertragung terrestrischer Wellen nicht der Weisheit letzter Schluss ist. Für mich zählt nur, was technisch wirklich machbar ist.

Folglich lautet die Antwort auf die Frage 65: „Das Internet."

Frage 66

Was bedeuten die neuen Medien für ältere Leute?

- ☐ 1 *Ein Minus, weil sie zu kompliziert sind.*
- ☐ 2 *Ein Plus, da so die Hilfsmittel zunehmen.*
- ☐ 3 *Die Medien sind derzeit noch nicht effektiv genug.*

Antwort 66

„SETZEN SIE DAS INTERNET ZU IHREM VORTEIL EIN."

Von den interaktiven Medien wie dem Internet wird behauptet, dass sie von älteren Leuten nicht benutzt werden, weil ihre Anwendung zu schwierig sei. Ich bin jedoch davon nicht überzeugt, sondern denke, dass die Verbreitung dieser Medien noch nicht genügend vorangebracht wurde. Außerdem liegt es nicht an den Medien selbst, wenn sie von älteren Leuten nicht im Alltag eingesetzt werden, sondern daran, dass ältere Leute überhaupt Schwierigkeiten haben, sich mit neuen Dingen auseinander zu setzen.

Heute ist das Internet überall und für jeden zugänglich, deshalb werden immer mehr benutzerfreundliche Anlagen entwickelt, was auch älteren Leuten zugute kommt. Es gibt bereits jetzt kleine, verhältnismäßig einfache Computeranlagen, die einfach zu bedienen sind.

Die Medien sind jedoch nicht überall den Bedürfnissen der Menschen angepasst. Als Beispiel möchte ich das Fernsehen anführen, das Schwerhörige nicht oder kaum berücksichtigt, weil im japanischen Fernsehen die Untertitel fehlen. Gäbe es unter jedem Film oder jeder Sendung Untertitel, damit auch Schwerhörige den Programminhalt verstehen können, würde dies die anderen Zuschauer, die nicht schwerhörig sind, wahrscheinlich stören.

Da das Internet standardmäßig für jedermann zugänglich ist, kommt der Trend, benutzerfreundliche Anlagen für Skeptiker und ältere Leuten herzustellen, auf freiwilliger Basis langsam voran. Schon kleine Anlagen bieten einen Zugang ins Internet ohne dass große Investitionen nötig wären.

Die Alternative ist in diesem Fall wieder einmal das Internet. Es bestünde die Möglichkeit, je nach Benutzer Untertitel einzufügen oder nicht. Das würde bedeuten, dass Bilder und Text gleichzeitig gesendet werden.

Ich bin deshalb davon überzeugt, dass in Zukunft das Internet eine immer größere Rolle in unserem Alltag spielen wird, und die Unannehmlichkeiten und Schwierigkeiten, wie oben beschrieben, allmählich verschwinden werden.

ICH DENKE, DASS WIR EINE SCHÖNE ZUKUNFT VOR UNS HABEN, WESHALB DIE ANTWORT AUF DIE FRAGE 66 LAUTET: „EIN PLUS, DA SO DIE HILFSMITTEL ZUNEHMEN."

Frage 67

Wie verändert sich die Verlagslandschaft durch die Entwicklung und Ausbreitung des Internets?

☐ 1 *Sie wird immer mehr verfallen.*

☐ 2 *Sie wird belebt werden.*

☐ 3 *Der Markt ist bereits verschwunden.*

Antwort 67

„Es gibt Leute, die ohne Verstand drauflos reden.“

In der letzten Zeit sind die Stimmen, die verbreiteten, dass das Internet der Feind des Buches sei, fast verstummt. Gedruckte Massenmedien werden nach wie vor gelesen und ich glaube nicht, dass der Markt dafür verschwinden wird. Livedoor hat bei der Wiederbelebung des japanischen Verlages Gentosha und dem Start eines gemeinsamen Unternehmens Unterstützung geleistet und damit seinen Beitrag zum Aufschwung des Verlagswesens geleistet.

Es wird zwar allgemein beklagt, dass nicht mehr so viele Bücher wie früher gekauft werden, was aber nicht heißen soll, dass überhaupt keine gekauft werden. Es hat sich nur die Art der Bücher durch den Einfluss des Internets verändert. Beispielsweise entstand durch Einträge am Schwarzen Brett von Kanal 2 im Internet das Buch „Eisenbahner“ von Nakano Hitori, erschienen im Shinchosha Verlag, das ein Bestseller wurde. Was ich derzeit mache, ist eine Blog-Edition. Die Einträge auf den Weblogseiten werden zu einem Buch zusammengestellt. Diese neue Art, ein Buch zu verfassen, ist durch das Internet möglich geworden, und bietet jedem die Möglichkeit, aus den verschiedenen Einträgen ein Buch zu kreieren.

Verborgene Schriftstellertalente können auf diese Weise bekannt werden und ohne großen Aufwand ein Buch verfassen.

Das bedeutet, dass sich die Schwerpunkte verlagert haben und die Verlage durch die neuen Medien wie das Internet neue Buchformen herausgeben werden. Die Verlagslandschaft ist um einiges reicher geworden, weshalb sie auch weiterhin bestehen wird.

Folglich lautet die Antwort auf die Frage 67: „Sie wird belebt werden."

Frage 68

**Wie denken Sie über Anime,
die japanischen Zeichentrickfilme,
und Fernsehserien?**

☐ 1 *Ich würde vorschlagen, sie zu exportieren.*

☐ 2 *Ich würde vorschlagen, ausländische Serien einzuführen.*

☐ 3 *Ich würde vorschlagen, die japanischen Urheberrechte zu schützen und vorsichtig zu sein.*

Antwort 68

„Überall gibt es viele hervorragende Sendungen.“

Die japanischen Zeichentrickfilme, Anime genannt, sind auf der ganzen Welt bekannt und beliebt. Auch die zahlreichen Mangas, die japanischen Comics wie „Dragon Ball“ oder „Slamdunk“ und „Doraemon“ werden gerne gekauft und sind weit verbreitet, nicht nur in Japan. Es gibt Manga- und Anime-Clubs auf der ganzen Welt und die Fans kommen eigens nach Japan, um sich diese Comics zu kaufen. Das künstlerische Niveau dieser japanischen Comics ist sehr hoch, was aber nicht bedeutet, dass sich die japanischen Verleger oder Comiczeichner zurücklehnen und auf den Erfolgen ausruhen sollten. Auch in anderen Ländern gibt es gute Comics, was man nicht vergessen darf. Ich denke, ein Import dieser ausländischen Comics würde sich bestimmt lohnen.

In jedem Land gibt es Fernsehserien, in Japan als Drama bezeichnet, die sich großer Beliebtheit erfreuen. Serien unterschiedlichen Inhalts werden überall auf der Welt gesendet. Eigentlich betrifft das den ganzen Unterhaltungssektor, ob Film,

Serie oder Musik. Wir Japaner richten allerdings unser Augenmerk vor allem auf Europa und Amerika und vergessen darüber oft, dass auch in Asien beliebte Sendungen laufen, wie zum Beispiel in Korea.

Was ich sagen will ist, dass wir bisher zu einseitig unterhalten wurden. Die breite Palette fehlt und wir bekommen nur das von den Medienmachern serviert, was deren Meinung nach als passend empfunden wird.

Deshalb bin ich der Meinung, dass sich Japan gegenüber anderen Ländern mehr öffnen und durchaus auch Fernsehserien, Zeichentrickfilme und Comics anderer Länder einführen sollte.

FOLGLICH LAUTET DIE ANTWORT AUF DIE FRAGE 68: „ICH WÜRDE VORSCHLAGEN, AUSLÄNDISCHE SERIEN EINZUFÜHREN."

Frage 69

Wie kann man den Problemen auf dem Bildungssektor begegnen?

☐ 1 *Man muss den Niedergang aufhalten.*

☐ 2 *Es sind keine Maßnahmen zu ergreifen.*

☐ 3 *Es eröffnen sich neue Geschäftschancen.*

Antwort 69

„DAS BESTEHENDE BILDUNGSSYSTEM IST BEREITS ZUSAMMENGEBROCHEN."

Es gibt Leute, die den Niedergang des Erziehungswesens beklagen. Tatsache ist, dass in Japan die Geburtenrate rückläufig ist und dass Schulen und private Nachhilfeanstalten über rückläufige Schülerzahlen jammern. Normalerweise geht jedes japanische Kind in eine so genannte Paukschule, um für die verschiedenen Prüfungen vorbereitet zu sein. Um an der Universität aufgenommen zu werden, muss sozusagen jeder, der studieren will, in eine solche Institution, um die Aufnahmeprüfung zu bestehen. In Japan zählt die Aufnahme an einer der großen Universitäten wie der von Tokyo oder Kyoto mehr als der Abschluss selbst. Doch nachdem die Geburtenrate rückläufig ist und immer weniger Schüler in derartige Einrichtungen gehen, fehlen diesen natürlich die entsprechenden Gelder.

Doch inzwischen gibt es andere Möglichkeiten des Lernens. Das Internet macht es möglich, an Kursen teilzunehmen, die rund um die Uhr angeboten werden. Fernunterricht ist in anderen Ländern schon lange möglich und durch das Internet können neue interessante Studienmöglichkeiten genutzt werden. Die Kosten dieser Fernkurse sind moderat und erlauben es dem Interessierten neben der Arbeit weiterzustudieren.

„Live Englischkonversation" kostet im Monat 2.980 Yen bei einem Unterricht rund um die Uhr, das ist angemessen. Es soll auch Vorlesungen auf Chinesisch geben, bei denen man mit Studentinnen und Studenten der Pekinger Universität über das Internet Konversation treiben kann.

Es gibt ferner Seiten, auf denen man verschiedene Qualifikationen, zum Beispiel im Bereich des Ingenieurswesens, mit dem zugehörigen Abschluss erwerben kann.

Das bestehende japanische Erziehungssystem war entwickelt worden, als die Gesellschaft noch auf Studienabschlüsse und lebenslange Anstellung fixiert war. Aber da sich die Zeiten geändert haben, wird sich auch die Erziehung und Bildung entsprechend ändern. Tatsache ist, dass in den 90er-Jahren die Zahl der Erwerbstätigen auf dem Bildungssektor Amerikas stark zugenommen hat. Bildung wurde dort zu einem neuen Geschäft.

FOLGLICH LAUTET DIE ANTWORT AUF DIE FRAGE 69: „ES ERÖFFNEN SICH NEUE GESCHÄFTSCHANCEN."

Frage 70

Was verstehen Sie unter Tradition?

☐ 1 *Dinge bewahren und weiterführen.*

☐ 2 *Dinge, die bereits beschädigt sind.*

☐ 3 *Vertrautes.*

Antwort 70

„Tradition ist Niedergang und Kreativität zugleich.“

Für mich besteht Tradition in beschädigten Dingen. Damit kein Missverständnis aufkommt, sage ich gleich, dass ich Tradition keineswegs verneine. Ich bezeichne Tradition nur als eine Anhäufung von Niedergang und Kreativität. Jedes Land hat seine Tradition. Was ich darunter verstehe, ist ein Brauchtum oder Gegenstände, die über einen langen Zeitraum gepflegt wurden. Wir Japaner habe eine sehr bewegte Geschichte, geprägt von zahlreichen Kriegen der einzelnen Gebiete untereinander, denen die meisten Gegenstände und auch Überlieferungen zum Opfer fielen. Das ist ungewöhnlich auf dieser Welt, wo die meisten Länder versuchen, ihr Erbe zu bewahren. Für mich ist deshalb der Begriff Tradition mit Zerstörung oder Beschädigung verbunden.

Häufig wird Tradition missverstanden. Tradition bedeutet die Weitergabe von geistigem und materiellem Eigentum eines Landes, einer Familie, einer Institution. Unterzieht man die Geschichte einer genauen Betrachtung, wird man feststellen, dass

Wandel und Tradition eng miteinander verbunden sind. Tiefgreifende Änderungen, wie in der japanischen Geschichte, rufen meist die Sehnsucht nach der Vergangenheit wach und in verklärter Erinnerung der Vergangenheit entsteht das, was als Tradition bezeichnet wird.

Als Vergleich möchte ich die Unternehmensmanager der alten Generation heranziehen, die immer noch an ihren einmal erworbenen Rechten festhalten. Sie sehnen sich nach der Atmosphäre der Nachkriegszeit, als jeder nur an Stabilität dachte, und können sich mit der derzeitigen Umbruchsphase der japanischen Wirtschaft nicht abfinden. Ihr Denken und ihre Werte betrachten sie als Tradition.

Livedoor hat eine andere Auffassung von Tradition, sie ist für uns zwar auch die Fortsetzung und Bewahrung bestimmter Dinge, aber nicht der vertrauten, sondern der Kreativität.

FOLGLICH LAUTET DIE ANTWORT AUF DIE FRAGE 70: „DINGE, DIE BEREITS BESCHÄDIGT SIND."

Frage 71

Es liegen Ihnen zehn Geschäftskonzepte vor. Wie viele davon sind Erfolg versprechend?

☐ 1 *Alle.*

☐ 2 *Die Hälfte.*

☐ 3 *Einer.*

Antwort 71

„*Verkaufen Sie alles, was gut ist!*“

Geschäftskonzepte gibt es zuhauf. Man muss genau prüfen, welche Konzepte Erfolg versprechend sind und dann eines auswählen. Dann können die anderen Konzepte ruhig vernachlässigt werden.

Fehlschläge kann sich kein Unternehmen erlauben. Wer jedoch mit hohem Risiko ein Unternehmen aufbaut, probiert im Grunde genommen auf gut Glück etwas aus, was schief gehen, aber auch erfolgreich sein kann.

Nicht jedes Geschäftskonzept passt zu einem selbst und wer genau hinsieht, wird Schwächen und Fehler erkennen. Zumindest bekommt man auf diese Weise Ideen und kann eigene Vorstellungen entwickeln, wie man sein eigenes Konzept entwerfen möchte. Stößt man auf ein Geschäftskonzept, das lohnenswert erscheint, sollte man nicht zögern, in dieses zu investieren. Der Verkauf ist beispielsweise ein guter Indikator für die Machbarkeit eines Konzepts. Vielleicht kann man am Anfang nur wenig Umsatz erzielen, aber durch die gewonnenen Erfahrungen auf anderen Gebieten zum Ziel gelangen, indem man die aufgegriffenen Ideen verbessert und weiterentwickelt.

Erfolgserlebnisse sind wichtig und schaffen Selbstvertrauen. Je mehr Erfolge man genießen kann, desto mehr wird man angespornt. Ich vergleiche Geschäfte gerne mit der Verführung von Frauen. Bevor man zum Schürzenjäger wird, tut man sich schwer, eine Frau überhaupt anzusprechen. Wer jedoch erst einmal den Bogen raus hat, kann jede Frau erobern. Solche Schürzenjäger entwickeln sich im Laufe der Zeit zu Profis, vergleichbar einem Headhunter, der aufgrund seiner Erfahrung die besten Leute ausfindig macht. Deshalb sollen Sie aufs Geratewohl loslegen und den ersten Erfolg erringen.

FÜR DEN ERSTEN SCHRITT IN DIESE RICHTUNG MUSS DIE ANTWORT AUF DIE FRAGE 71 LAUTEN: „EINER."

Frage 72

Wie sollte sich ein japanischer Feldherr im Falle einer erfolglosen Geschäftsverhandlung verhalten?

- ☐ 1 *Er sollte die Verhandlung in Gang bringen.*
- ☐ 2 *Er sollte die Verhandlung abbrechen.*
- ☐ 3 *Er sollte warten, bis eine aussichtsreiche Verhandlung zustande kommt.*

Antwort 72

„Die Geschäftswelt des Internet kann man mit der Kriegszeit im alten Japan vergleichen."

Wenn es um Strategien geht, kann man die drei großen Feldherrn des 16. und 17. Jahrhunderts als Beispiel heranziehen. Alle drei hatten einen Wahlspruch, in dem ein Kuckuck vorkam. Oda Nobunaga, der als erster versuchte, Japan nach fast 100 Jahren Bürgerkrieg wieder zu einen, sagte „Tötet den Kuckuck!" und meinte damit, dass man nicht warten solle, bis eine Sache endlich zustande kommt, sondern ein aussichtloses Unternehmen besser gleich abbrechen sollte. „Bringt den Kuckuck zum Rufen" war Toyotomi Hideyoshis Ansicht. Toyotomi war der Nachfolger Odas. Er hatte ebenfalls versucht, Japan unter seine Herrschaft zu bringen und forcierte nicht nur die Einigung, sondern auch die Expansion Japans nach Korea und China, allerdings ohne Erfolg. „Wartet, bis der Kuckuck ruft", meinte Tokugawa Ieyasu, der die Militärherrschaft der Tokugawa begründete. Er wartete, bis ihm Japan in den Schoß fiel. Seine Nachkommen beherrschten Japan von 1603 bis 1868. Das wesentliche

Denken dieser drei Persönlichkeiten wird in diesen wenigen Worten, die sich auf den Kuckuck beziehen, bestens dargestellt. Betrachtet man die japanische Geschichte, dann war Ieyasu am erfolgreichsten, aber für eine Geschäftsverhandlung ist seine Art des Denkens völlig ungeeignet.

Warte ich bei einer Geschäftsverhandlung „bis der Kuckuck ruft", werde ich nichts erreichen. Ich bin der Ansicht, dass jede Verhandlung zu einem konkreten Ergebnis führen muss.

Das Internetgeschäft ist, so denke ich, durchaus mit den Zuständen im Japan des 16. Jahrhunderts vergleichbar. Schnelligkeit entscheidet über Sieg und Niederlage.

Wichtig ist, dass man selbst überlebt bzw. die Firma weiter besteht. Ich bin deshalb für die Denkweise von Oda Nobunaga, das heißt wenn ich feststelle, dass eine Geschäftsverhandlung nur reine Zeitverschwendung ohne Ergebnis ist, breche ich sie ab. Man sollte seine Zeit nicht mir irgendeinem Geplänkel vertun.

Dass Ieyasus Reich 265 Jahre in Frieden bestand, ist eine spätere Glorifizierung dieser Geschichte. Er erntete, was seine Vorgänger gesät hatten.

FOLGLICH SOLLTE MAN, AUCH WENN DAS EIN WENIG BRUTAL KLINGT, AUF DIE FRAGE 72 ANTWORTEN: „ER SOLLTE DIE VERHANDLUNG ABBRECHEN."

Frage 73

Wer sollte das Geld in Umlauf bringen?

☐ 1 *Ältere Menschen mit Erfahrung.*

☐ 2 *Personen mittleren Alters.*

☐ 3 *Junge Abenteurer.*

Antwort 73

„*Das Geld sollte von der jungen Generation eingesetzt werden.*“

Um die Wirtschaft in Schwung zu bringen, muss der Konsum gesteigert werden. Wenn der Konsum steigt, erholt sich die Wirtschaft, sie wird angekurbelt und das Geld zirkuliert.

In Japan hat die ältere Bevölkerung das meiste Geld in Händen. Diese Bevölkerungsschicht trägt aber nicht zur Konjunktur bei, da sie das Geld nur hortet, aber nicht ausgibt.

Viele Japaner fürchten heute um ihren Arbeitsplatz und das damit verbundene Einkommen. Aus diesem Grund sind sie vorsichtig im Umgang mit ihrem Geld und legen es lieber auf die hohe Kante. Das ist ein durchaus verständliches Verhalten bei denjenigen, die noch im Berufsleben stehen.

Dass aber die ältere Bevölkerung genau so handelt, ist nicht nachvollziehbar. Viele ältere Leute deponieren ihr Geld lieber in der Schublade ihrer Kommode. Damit entziehen sie der japanischen Wirtschaft das Geld, das diese braucht, um wieder in Schwung zu kommen. Geld kann nur zirkulieren, wenn gekauft und verkauft wird. Da ältere Menschen meist sehr genügsam sind, müssen demnach die jüngeren Japaner genügend Geld ausgeben, um die Wirtschaft anzukurbeln. Doch das bereits genannte System, nach dem viele Firmen nicht nach Leistung, sondern nach Dienstalter die Gehälter anheben, steht dem Konsum der jüngeren Generation im Wege, weil sie nicht genügend Geld zur Verfügung hat. Auch das Problem der Arbeitsverweigerung, das, wie ich bereits in Antwort 03 erörtert habe, aufgrund der Firmenstrukturen ein japanisches Problem ist, verhindert den konjunkturellen Aufschwung.

Es gibt durchaus junge Leute, die bereit sind, Geld auszugeben, aber dies nicht im Hinblick auf die japanische Wirtschaft, sondern weil sie einer Laune nachgeben. Sie leihen sich Geld für eine Auslandsreise oder kaufen sich vielleicht Designerstühle, weil sie gerade Lust dazu haben, aber sie investieren nicht konsequent in japanische Produkte. Für mich sieht die Zukunft düster aus, wenn zudem noch Bücher auf dem Markt erscheinen, die ein Leben mit einem Minimaleinkommen propagieren, wie das Buch „Lebenskunst mit 3 Millionen Jahreseinkommen". Die darin enthaltenen Ratschläge dienen nicht gerade der Förderung der japanischen Wirtschaft. Zum einen müssten junge, fähige Leute mehr Geld verdienen, zum anderen müsste sich ein neues Konsumbewusstsein entwickeln.

DESHALB LAUTET DIE ANTWORT AUF DIE FRAGE 73 HINSICHTLICH DES GELDKREISLAUFS: „JUNGE ABENTEURER."

Frage 74

Sind Aktien wirklich riskant? Wenn ja, was bieten sich dann für Investitionsmöglichkeiten?

☐ 1 *Anlagen in ausländischen Währungen.*

☐ 2 *Staatliche Anleihen.*

☐ 3 *Investition in Treuhandgesellschaften.*

Antwort 74

„Setzen Sie sich keinem Risiko aus!“

Wer eine Aktiengesellschaft leitet, muss sich mit Aktien auskennen. Wenn Sie über diese Kenntnisse verfügen, kaufen Sie bitte Aktien.

Wer selbst Aktien kauft und verkauft, lernt dadurch sehr viel über Geldbewegungen und Risikokontrolle. Anlagen sollte man selbst verwalten und die Verantwortung dafür übernehmen. Wer sich mit dem Börsengeschäft auseinandersetzt, wird sehr bald erkennen, in welche Papiere er am besten investiert. Nicht jede Geldanlage ist auch lohnend. Man muss wissen, wann man zu agieren hat, was sich vor allem auf Währungsschwankungen bezieht. Wenn der japanische Yen fällt, verkauft man Dollar, die man gekauft hat, als der Yen noch hoch im Kurs stand. Auf diese Weise kann man sein Geld sogar verdoppeln, wenn man den Markt genau beobachtet. Im April 1995 waren 79 Yen ein Dollar und im Juni 1998 waren 140 Yen ein Dollar. In diesen drei Jahren hatte er sich fast verdoppelt.

In der letzten Zeit empfehlen verschiedene japanische Magazine Anlagen in Treuhandgeschäfte, doch das lohnt sich aus meiner Sicht nicht. Man überlässt damit die Risikokontrolle anderen, da Fondmanager von Wertpapiergesellschaften hier allein verantwortlich sind, und man selbst nicht eingreifen kann. Außerdem sind die Renditen nicht sehr hoch.

Auch Staatsanleihen sind nicht zu empfehlen. Der Zinssatz ist bis zur Fälligkeit festgeschrieben, was sie als Anlage unrentabel macht.

Marktbewegungen und Entwicklungen sind immer noch am besten auf dem internationalen Währungssektor zu erkennen, wo auch die meisten Gewinne erzielt werden können.

WENN SIE WIRKLICH LERNEN WOLLEN, RISIKEN SELBST IN DIE HAND ZU NEHMEN UND IHR GELD EIGENVERANTWORTLICH ANLEGEN MÖCHTEN, DANN SOLLTEN SIE AUF DIE FRAGE 74 ANTWORTEN: „ANLAGEN IN AUSLÄNDISCHEN WÄHRUNGEN."

Frage 75

Was ist davon zu halten, wenn man häufig in den Massenmedien erscheint?

☐ 1 *Es dient der Steigerung des Bekanntheitsgrades.*

☐ 2 *Es ist schlecht, da Verleumdungen und Gerüchte verbreitet werden.*

☐ 3 *Es hat sowohl gute als auch schlechte Seiten.*

Antwort 75

„BENUTZEN SIE ABLEHNUNG NICHT ALS WERBEMITTEL!“

Manchmal sage ich etwas in den Medien, ohne darüber lange nachgedacht zu haben, und prompt kommt ein negativer Bericht zustande. Auch wenn es von mir leichtsinnig war, meine eigene Meinung in Bezug auf bestimmte Themen geäußert zu haben, denke ich, dass auch Negatives durchaus positiv zu sehen ist. Positiv ist in meinen Augen, dass einem die öffentliche Aufmerksamkeit zuteil wird. Zum anderen können negative Berichte zum Nachdenken anregen und aus einer aufrichtigen Kritik kann man schließlich etwas lernen. Man sollte sich deshalb mit den Medien nicht nur deshalb gut stellen, weil sie positiv berichten könnten.

Andererseits gibt es in Japan die Tendenz, Massenmedien rundweg abzulehnen, aber nicht, weil man keine Werbung möchte, sondern um genau das Gegenteil zu erreichen. Beispielsweise ein Nudelsuppenrestaurant, das Journalisten abweist: „Wir verbieten Ihnen, hier zu recherchieren." Es gibt Restaurants, die beabsichtigen, durch die Abweisung von Journalisten den Anschein zu erwecken, sie seien von besonders hohem Niveau, und die von diesem Image profitieren. Doch ist das ihr wahres Gesicht?

Beim „reinen" Wahlkampf ist es genau so. Sie behaupten: „Wir geben kein Geld für den Wahlkampf aus." Doch sie erreichen einen großen Werbeeffekt, indem sie die Massenmedien über sie recherchieren lassen. Da ich diese Art von Hinterlistigkeit verabscheue und zum Profit von Livedoor etwas beitragen will, habe ich Recherchen aufgenommen, die diese Zusammenhänge aufdecken sollen.

Im Verlaufe des Gesprächs habe ich Ihnen nun genug von meinen Wertvorstellungen erzählt. Bitte teilen Sie mir Ihre Einschätzung mit. Kommt eine Zusammenarbeit zustande oder nicht, wäre es vorteilhaft und profitabel oder nicht? Ich warte auf Sie.

Die Antwort auf die Frage 75 lautet: „Es dient der Steigerung des Bekanntheitsgrades."

Nachwort der Übersetzerin

Takafumi Horie, Senkrechtstarter auf dem japanischen Internetmarkt und Enfant terrible der Wirtschaft, wurde am 29. Oktober 1972 in dem kleinen Ort Yame auf der Insel Kyushu geboren. In der Schule galt er als Wunderkind mit rascher Auffassungsgabe. Bereits während der Mittelschulzeit schrieb er Computerprogramme oder veränderte Computerspiele zu neuen Varianten. Er schaffte die Aufnahmeprüfung an der renommierten und ältesten Universität Japans, der Todai (Abkürzung für „Universität von Tokyo"), brach aber sein Studium ohne Abschluss ab und gründete stattdessen 1995 mit Freunden zusammen eine Internetfirma. Die als „Livin' on the Edge" bezeichnete Firma wurde zum Internetportal, nachdem er die Firma Livedoor übernommen hatte, deren Bekanntheitsgrad Horie für seine Zwecke zu nutzen wusste. Horie ging mit seiner Firma sogar an die Börse. Die Attraktivität seiner Aktien bestand in der kleinen Stückelung, die es jedem Japaner erlauben sollte, Aktionär zu werden. Hories Pläne waren hoch gesteckt und auf große Ziele gerichtet. 2005 stellte er sich den Wahlen und im August des gleichen Jahres gab er bekannt, dass er plane, demnächst Weltraumreisen durchzuführen. Seit Januar 2006 steht er unter dem

Verdacht der Bilanzfälschung und ist aus diesem Grund vom Unternehmensvorstand zurückgetreten. Die Nachricht seiner Verhaftung brachte die Börse fast zum Einsturz. Es wird gemunkelt, dass Horie, der salopp gekleidet bei Versammlungen und Konferenzen erschien und unkonventionelle Wege ging, konservative Kreise zu sehr durcheinander brachte. Es bleibt daher abzuwarten, ob der ehemalige Börsenstar, der durch Firmenaufkäufe sein Imperium immer mehr vergrößert hatte, nochmals am japanischen Wirtschaftshimmel aufgehen wird. Vier Manager der Firma Livedoor stehen derzeit unter Anklage wegen Betruges. Horie bestreitet jedoch nach wie vor, schuldig zu sein. Er ist von seinem Posten zurückgetreten und darf keinen Kontakt zu Livedoor unterhalten.

Der Inhalt des hier vorliegenden Buches wurde komplett überarbeitet und auf den deutschen Leser zugeschnitten. Die ursprüngliche Form war eine wahllos zusammengestellte Ansammlung von Ideen und Überlegungen, denen jegliche Chronologie fehlte. Horie folgte mit diesem Stil einer Vorlage aus der klassischen japanischen Literatur, der so genannten Miszellenliteratur, deren berühmtestes Werk das „Kopfkissenbuch" der Sei Shonagon sein dürfte. Sie hatte ihre Gedanken, so wie sie ihr durch den Kopf gingen, niedergeschrieben, ohne auf einen roten Faden zu achten.

Das als eine Anleitung zum Reichwerden verfasste Buch, in Japan unter dem Titel „Neokapitalismus" erschienen, ist in der Originalsprache in einem sehr saloppen Stil verfasst, der nicht immer den Grammatikregeln folgt. Eine Anpassung des Buches an deutschen Stil und vor allem an deutsche Gedankengänge ließ sich aus diesem Grund nicht vermeiden, um das Ziel, nämlich die Hintergründe des kometenhaften Aufstiegs von Takafumi Horie, der sich selbst Horiemon nennt, näher zu beleuchten, auch zu erreichen.

Prof. Dr. H. Eisenhofer-Halim

Jim Cramer – Real Money

„Real Money" beschreibt, wie Anleger langfristig erfolgreich an den Märkten agieren können. Welche Fehler muss ich vermeiden? Welche Strategien versprechen Erfolg? Auf Fragen wie diese liefert der Autor umfassende Antworten. Dabei kann der Leser sicher sein, dass das Wissen des Autors nicht aus Büchern stammt, sondern in der Praxis hart erarbeitet wurde.

284 Seiten / geb. mit SU / Bestellnr. 036-952 **29,90 Euro**

John Battelle – Die Suche

„Die Suche" beschreibt Geschichte, Gegenwart und Zukunft moderner Suchtechnologien und den stetig wachsenden Einfluss, den diese auf unser tägliches Leben haben. Was machte Google so erfolgreich? Wohin entwickeln sich die Suchtechnologien, welcher Nutzen und welche Gefahren erwachsen uns daraus? Auf diese und viele weitere Fragen gibt John Battelle eine Antwort.

368 Seiten / geb. mit SU / Bestellnr. 036-937 **29,90 Euro**

Swen Lorenz – Reisenotizen eines Börsenprofis

Swen Lorenz nimmt seine Leser mit auf eine Weltreise. In seinen Berichten vermischen sich unterhaltsamer Schreibstil, faszinierende Einblicke in örtliche Gegebenheiten und aussichtsreiche Investments zu einem einzigartigen Mix. Im Internet bereits Kult, jetzt auch in Buchform erhältlich!

216 Seiten / geb. mit SU / Bestellnr. 036-894 **24,90 Euro**

Larry Williams – Aktien und Rohstoffe erfolgreich traden

In seinem neuesten Buch setzt sich Larry Williams auf die Spur des „großen Geldes“. Er zeigt seinen Lesern, wie sie die Aktivitäten dieser Marktteilnehmer erkennen und in Gewinn bringende Anlageentscheidungen umsetzen können. Nicht nur für Rohstoff-Fans ist dieses Buch Pflichtlektüre.

308 Seiten / geb. mit SU / Bestellnr. 036-870 **29,90 Euro**

Michael Covel – Trend Following

Es gibt eine Trading-Strategie, die in den letzten 30 Jahren sowohl in Bullen- als auch in Bärenmärkten außergewöhnliche Gewinne ermöglichte: Trend Following. In diesem Buch lernt der Leser, wie er diese Strategie auch in seinem eigenen Depot Gewinn bringend umsetzen kann. Michael Covel kann sich auf die Erkenntnisse einiger der besten Trader der Welt stützen. Absolut lesenswert!

336 Seiten / geb. mit SU / Bestellnr. 036-642 — **34,90 Euro**

James B. Stewart – Disney War

„Es war einmal ein Mann, der herrschte über den größten Unterhaltungskonzern der USA. Dies ist die Geschichte seiner Triumphe und seiner Fehlschläge – und des Aufstands, der ihn um sein Königreich brachte." Dieses Zitat findet sich auf dem Cover von „Disney War" von Pulitzer-Preisträger James B. Stewart. Der Mann ist Michael Eisner, sein „Königreich" war die Welt von Walt Disney.

832 Seiten / geb. mit SU / Bestellnr. 036-558 — **29,95 Euro**

W. J. O'Neil – 5 Schritte zum Börsenerfolg

William O'Neil erklärt, wie Anleger vor keinem Marktumfeld mehr Angst haben müssen. Er zeigt, wie Investoren ihre Profite drastisch erhöhen können, indem sie sich im Einklang mit dem Markt bewegen, anstatt dagegen anzukämpfen. Er präsentiert eine funktionierende Investmentstrategie, die die Emotionen ausschaltet und Anlegern einen erfolgreichen Weg durch die heutige Börsenlandschaft zeigt.

270 Seiten / geb. mit SU / Bestellnr. 036-640 **24,90 Euro**

Nicolas Darvas – Das Wall-Street-Casino

Nicolas Darvas verdiente an der Wall Street in kürzester Zeit über zwei Millionen Dollar. In diesem Werk vergleicht er den Markt mit einem Spielcasino: Es gibt Kartengeber, Croupiers und Tippgeber, es gibt Gewinner und es gibt Verlierer. Darvas erklärt dem Leser sein legendäres Tradingsystem: Er nennt den richtigen Einstiegszeitpunkt und er sagt, wann man sich am besten aus dem Markt zurückzieht.

192 Seiten / geb. mit SU / Bestellnr. 036-622 **24,90 Euro**

Michael Saul – Charting

„Charting" ist ein angenehm und schnell zu lesendes Werk, in dem die grundlegenden Konzepte der Charttechnik dargestellt werden. Es vermittelt kurz und prägnant einen Überblick über die Grundlagen der technischen Analyse. Dabei ist es sowohl für Einsteiger als auch für Anleger geeignet, die bereits Erfahrungen mit der technischen Analyse gemacht haben.

175 Seiten / geb. mit SU / Bestellnr. 036-641 19,90 Euro

Dr. Paul B. Farrell – Bequem reich werden

Der bekannte Kolumnist und Börsenberichterstatter Dr. Paul B. Farrell zeigt Ihnen, wie Sie sich bis zu Ihrem Ruhestand ein siebenstelliges Finanzpolster aufbauen können – ohne Albträume, ohne zeitaufwändige Studien und ohne auch nur einen Cent Provision an einen Broker zu bezahlen. Lernen Sie Farrells Investmentmethoden und werden Sie „bequem reich"!

400 Seiten / geb. mit SU / Bestellnr. 036-575 24,90 Euro

Steven K. Scott – Der Masterplan

Die in 15 Lektionen von Multimillionär Steven Scott vorgestellten Strategien haben das Potenzial, Ihr Leben zu verändern. Ob Sie eine Karriere als erfolgreicher Unternehmer anstreben, mehr Leistung im Beruf bringen möchten oder lernen wollen, mit persönlichen Herausforderungen besser umzugehen: Dieses Buch wird Ihnen zeigen, wie aus Träumen Realität werden kann.

472 Seiten / geb. mit SU / Bestellnr. 036-594 — 28,00 Euro

Harry S. Dent Jr. – Der Jahrhundert-Boom

Harry S. Dent Jr. prophezeit für die nächsten Jahre die größte Börsenrallye aller Zeiten. Auf Basis einleuchtender Analysemodelle entwirft er ein atemberaubendes Szenario: Der Dow Jones steigt bis Ende dieses Jahrzehnts auf 40.000 Punkte, der Nasdaq Composite wird mindestens 13.500 Punkte erreichen und bis zum Jahre 2009 vielleicht sogar auf 20.000 Zähler zulegen.

432 Seiten / geb. mit SU / Bestellnr. 036-542 — 28,00 Euro

Dr. Martin Weiss – Den Markt im Griff!

In seinem neuen Bestseller „Den Markt im Griff!", der in den USA unter dem Titel „Crash Profits" erschien, skizziert Dr. Martin Weiss praktische Strategien für eine erfolgreiche finanzielle Zukunft. Er gibt seinen Lesern Werkzeuge und Methoden an die Hand, mit denen diese von der Börse profitieren können – egal ob sie steigt oder fällt.

360 Seiten / geb. mit SU / Bestellnr. 036-250 **29,90 Euro**

Michael Parness – Beherrsche den Markt!

Michael Parness machte in nur 15 Monaten aus 33.000 Dollar die sagenhafte Summe von sieben Millionen Dollar. Er erzählt aber nicht nur die Geschichte seines Erfolges. Er nimmt den Leser an die Hand und zeigt ihm jene Fehler, die viele Anleger an der Börse begehen. „Beherrsche den Markt!" ist die perfekte Lektüre für Anleger, die mit Spaß und Erfolg an der Börse agieren wollen.

250 Seiten / geb. mit SU / Bestellnr. 036-090 **24,90 Euro**